novum pro

DORIS MUHR

# Eigentlich wollte ich gar nicht Lehrer werden …

novum pro

www.novumverlag.com

Bibliografische Information
der Deutschen Nationalbibliothek:

Die Deutsche Nationalbibliothek
verzeichnet diese Publikation in
der Deutschen Nationalbibliografie.
Detaillierte bibliografische Daten
sind im Internet über
http://www.d-nb.de abrufbar.

Alle Rechte der Verbreitung,
auch durch Film, Funk und Fernsehen,
fotomechanische Wiedergabe,
Tonträger, elektronische Datenträger
und auszugsweisen Nachdruck,
sind vorbehalten.

© 2016 novum Verlag

ISBN 978-3-99048-176-9
Lektorat: Marianne Günther
Umschlaggestaltung, Layout & Satz:
novum Verlag

Gedruckt in der Europäischen Union
auf umweltfreundlichem, chlor- und
säurefrei gebleichtem Papier.

**www.novumverlag.com**

# Inhaltsverzeichnis

Vorwort . . . . . . . . . . . . . . . . . . . . . . . . . . . . . . . . . . . . . 7
Einleitung . . . . . . . . . . . . . . . . . . . . . . . . . . . . . . . . . . . 9
Eigentlich wollte ich gar nicht ... . . . . . . . . . . . . . . . . . 10
Erste Gehversuche . . . . . . . . . . . . . . . . . . . . . . . . . . . . 15
Im Paradies . . . . . . . . . . . . . . . . . . . . . . . . . . . . . . . . . 17
Krieg gegen die alten Männer . . . . . . . . . . . . . . . . . . . . 20
Drei Geburten und dann volle Lehrverpflichtung . . . . . . . 22
Personalvertreterin – was nun? . . . . . . . . . . . . . . . . . . . 28
Ich will führen – will ich führen? . . . . . . . . . . . . . . . . . 31
Landesfachkoordination . . . . . . . . . . . . . . . . . . . . . . . . 35
Austauschjahre . . . . . . . . . . . . . . . . . . . . . . . . . . . . . . 38
Herausforderung Sportklassen . . . . . . . . . . . . . . . . . . . 46
Betreuungslehrerin für das Unterrichts- und
das Schulpraktikum: Geben und Nehmen . . . . . . . . . . . . 50
Bewerbungen für eine LeiterInnenstelle . . . . . . . . . . . . . 55
Provisorische Leiterin der Schule . . . . . . . . . . . . . . . . . 58
Zielgerade . . . . . . . . . . . . . . . . . . . . . . . . . . . . . . . . . 62
Zukunftsvisionen . . . . . . . . . . . . . . . . . . . . . . . . . . . . 66

# Vorwort

„Die Bildung liegt nicht im Wissen, sondern in der geistigen Fähigkeit, die Harmonie zwischen sich und der Welt herzustellen und zu erhalten."

Peter Roseggers Weisheiten kommen einem in den Sinn, liest man die Lebenserfahrungen von Frau Professorin Mag. Doris Muhr-Engler. Sie schildert darin in aller Offenheit all das, was sie bewegte, sich zunächst für den Lehrberuf zu entscheiden und dann die Stationen an der Universität, ihre „Ersten Gehversuche" bis zu ihren „Zukunftsvisionen", mit denen sie diesen Bogen nach Beendigung ihrer aktiven Dienstzeit schließt.

Wir alle wissen nur zu gut, dass das Kostbarste, was wir anderen Menschen anvertrauen können, unsere eigenen Kinder sind, dass wir uns aber im Alltag immer wieder beim Verurteilen der Lehrer ertappen. Ja, anstatt dass wir alles tun, damit unsere Kinder von den bestens ausgebildeten, bestens motivierten und engagiertesten LehrerInnen und ProfessorInnen betreut werden, ist unsere allzu oft zerstörerische Gesellschaft offensichtlich nicht in der Lage, zu dieser Zielerreichung erfolgreich beizutragen. Umso wertvoller ist der vorliegende Beitrag in Form dieser Publikation einer Gymnasialprofessorin. Sie stellt damit doch unter Beweis, dass sie während ihrer Ausbildung und ihrer nahezu vierzigjährigen beruflichen Tätigkeit engagiert, motiviert und verantwortungsvoll als Pädagogin vorgegangen ist und gehandelt hat. Ein wohltuend erfreuliches Beispiel, das unsere günstigstenfalls lahmen oder allzu oft halbherzigen Bemühungen, das Image unserer LehrerInnen zu verbessern, beflügeln möge.

Frau Mag. Doris Muhr, geb. Engler, können wir bei ihren Schilderungen gar mannigfach erleben: als Tochter in der Situation einer angehende Maturantin, als Studentin, dann eben als angehende Lehrerin bzw. Professorin, als Schikursbegleiterin, Klassenvorständin, Prüferin inclusive Prüfungsvorbereiterin, als Schularbeiten-Korrektorin, als Betreuungslehrerin, als Personalvertreterin, als Landesfachkoordinatorin und auch als Mentaltrainerin. Später in ihrer Berufslaufbahn – und ihr Beruf erweist sich tatsächlich als Berufung im besten Sinne dieses Wortes – gewährt sie auch Einblicke in ihre Funktion als Schulleiterin, damit auch verbunden als Balleröffnerin und – Freud und Leid sind oft dicht beieinander – als Trauerrednerin. Auch die berufliche Tätigkeit ihres Ehemannes als erfolgreicher Professor an der Technischen Universität Graz tritt in dieser Bilanz ihrer verschiedenen Funktionsarten zutage, indem sich Doris Muhr als Hochschulvorbereiterin für die ihr anvertrauten MaturantInnen bewährt.

Aber auch als Mutter dreier heranwachsender Söhne muss sie ihre Frau stehen und – wie wir hier ebenfalls wieder sehen können – erfolgreich. Ja, vor dreißig, vierzig Jahren war es wahrscheinlich noch schwerer, Beruf und Familie mit Kindern gut unter einen Hut zu bringen als vielleicht heute.

Wir sehen aber auch, dass die in die Tat umgesetzte bildungspolitische Revolution der Sechzigerjahre: „In jedem Bezirk Österreichs eine zur Matura führende höhere Schule" glücklicherweise sehr wohl einhergeht mit einer großen zur Verfügung stehenden Anzahl von gut ausgebildeten und engagierten und ebenso gut motivierten Lehrpersonen. Gerade heute, wo eine große Pensionierungswelle von LehrerInnen und ProfessorInnen bevorsteht, ist es wichtig, best practice auch in Buchform verfügbar zu haben. Dieses gute, ja eben beste Beispiel möge wiederum im wahrsten Sinne des Wortes Schule machen, ohne solche berufenen PädagogInnen wäre die Schule gar nicht möglich. Auch am Schluss dieses Vorwortes steht daher nochmals Peter Rosegger: „Das Wort Erziehung sollte man ausstreichen, das Wort Vorbild sollte man dafür hinsetzen." Genau dafür steht in herausragender Weise Frau Professorin Mag. Doris Muhr.

Hofrat Dr. Peter Piffl-Percevic, September 2014

# Einleitung

Dieses Buch ist entstanden auf Grund von Ermunterungen eines jungen Kollegen für Deutsch und Biologie, mit dem ich öfter ins Gespräch kam.

Nach der einen oder anderen Anekdote aus meinem Lehrerdasein meinte er, ich sollte das unbedingt aufschreiben. Da ich meinem Gedächtnis altersbedingt nicht mehr zu hundert Prozent vertraue, habe ich mich entschlossen, die „Highlights", aber auch die Sorgen und Nöte einer Lehrenden aufzuschreiben.

Vielleicht machen diese Gedanken ja auch Mut, diesen Beruf zu ergreifen und mit Freude auszuüben, ohne drohendes Burn-out am Ende.

Die Lehrenden unter Ihnen, die Sie diesen Text lesen, werden sich sicher in so mancher Situation wiederfinden.

Die jungen KollegInnen unter Ihnen können sehen beziehungsweise lesen, dass man sich in diesem Beruf sehr gut weiterentwickeln und verändern kann, wenn Neugier und Selbstkritik mit von der Partie sind.

Um niemandem zu nahe zu treten, habe ich keine Namen genannt.

Mein besonderer Dank gilt meinem Lektor.

# Eigentlich wollte ich gar nicht ...

„Was willst du denn nach der Matura angehen, Medizin? Ist aber schwer für ein Mädchen ...", sagte mein Vater, selbst Mediziner und Absolvent eines humanistischen Gymnasiums. Ich besuchte ein Gymnasium im ländlichen Bereich mit sechsjährigem Latein und acht Jahren Englisch.

Damals gab es Gymnasien mit naturwissenschaftlichem oder sprachlichem Schwerpunkt und davon nicht allzu viele, besonders in den ländlichen Gegenden waren die Einzugsgebiete sehr groß. Man versuchte also, möglichst viele sprachliche oder naturwissenschaftliche Grundlagen an die SchülerInnen weiterzugeben, sodass ein Studium – Medizin, Technik, Geisteswissenschaften, Jus ... – möglich war. Die Schwerpunkte dabei waren Latein auf der einen Seite (Medizin, Pharmazie, Jus ...), die Naturwissenschaften (Mathematik, Physik, Chemie, Darstellende Geometrie ...) auf der anderen.

Nach bestandener Reifeprüfung und auf Grund meiner Lieblingsfächer und Noten – ich interessierte mich eher für Sprachen als für Zahlen – wollte ich Sprachen studieren, und zwar am Dolmetscherinstitut; aber mit dem „Schuldienst" hatte ich – nach acht Jahren „Knechtschaft" – wohl überhaupt nichts am Hut.

Der Unterricht, die Hausaufgaben, die Schularbeiten waren zu dieser Zeit ganz anders aufgebaut. Unterricht war Zuhören, Schreiben (nach Diktat oder von der Tafel), Lesen (in den diversen Lehrbüchern, die von uns SchülerInnen nur ausgeliehen werden konnten; niemand hatte das Geld, alle Schulbücher kaufen zu können. Also organisierten die Eltern Bücherbestände, die von den jeweiligen Jahrgängen geliehen werden konnten).

Schriftliche Hausaufgaben gab es reichlich, ebenso wie Zeichenaufgaben (Geographie, Biologie ...). Diese Aufgaben wurden dann in der nächsten Stunde eingesammelt und kontrolliert, öfter auch benotet.

Schularbeiten wurden nie angesagt. Der/die Lehrende erschien eines Schultages mit dem Schularbeiten-Hefte-Stapel und los ging's. Man musste also „fast" – soll heißen, wir waren's natürlich nicht immer, hatten aber ein gutes Gefühl, wann die nächste Schularbeit auf uns zukommen würde –, am Laufenden sein. Was bedeutete, dass wir SchülerInnen auch die Wochenenden dazu benutzen mussten, uns entsprechend vorzubereiten. Trotzdem fanden sich Lieblingsfächer, wo diese Vorbereitungen nicht nur „Pflicht" waren.

Englisch war meine Lieblingssprache, auch wenn ich diese Fremdsprache nach den damaligen Unterrichtsmethoden – wir mussten übersetzen und auswendig lernen – nicht sprechen konnte; als zweite Sprache schien mir Spanisch richtig und wichtig im Hinblick auf die Wirtschaft, den Tourismus in Spanien, aber auch in Südamerika, auch wenn ich diese Sprache erst lernen musste.

Mit dem Einverständnis meiner Eltern begann die große Freiheit – ante portas universitatis: Endlich selbst über den Tag entscheiden können, Freunde treffen, ausgehen, niemand, der sagt, wann du zu Hause zu sein hast, … Herrlich! Natürlich war auch alles neu und unbekannt, man musste sich um alles selbst kümmern und fragen, fragen, fragen …

Ein Jahr später, in einem meiner ersten Proseminare, erwählte mich die britische Lektorin zur Gesprächspartnerin und ich – oh, wie peinlich – konnte nur sehr „karg" antworten. Da wusste ich, dass ich Englisch nicht gut sprechen konnte, wohl aber eine Menge über Literatur und Sprachgeschichte gelernt hatte. So boten sich die langen Sommerferien an, meine mündliche Sprachkompetenz – wie man heute sagen würde – in Good Old England aufzupolieren.

In der zweiten, neuen Sprache machte ich gute Fortschritte.

Vor meiner Abreise ergab ein Gespräch mit meinem Spanisch-Professor: „Fräulein, was wollen Sie mit Ihren Sprachkenntnissen denn später anfangen?" Meine Vorstellung war eine Position in einer Botschaft, wo man meine Sprachkenntnisse brauchen und schätzen würde.

Der Professor holte mich milde lächelnd in die Wirklichkeit zurück, indem er fragte: „Kennen Sie denn jemanden in einer Botschaft?" Ich antwortete wahrheitsgemäß mit „Nein".

Worauf der Professor mein zukünftiges Berufsleben als das einer Sekretärin mit Fremdsprachenkenntnissen – „zwei englische Briefe pro Woche" – skizzierte und meinte, ob ich da nicht besser an der philosophischen Fakultät (Lehramt!!!) aufgehoben sei, da ich ja außerdem den Wunsch geäußert hätte, einmal eine Familie zu haben.

Mit diesem erstaunlichen Gespräch im Koffer flog ich nach England, schaltete auf Englisch um und übte mich in der Konversation mit meinen englischen Freunden.

Nach meiner Rückkehr – ich konnte nun perfekt „konversieren" – musste das Problem meiner beruflichen Karriere gelöst werden.

In ausführlichen Gesprächen mit meinen Eltern – beide, auch meine Mutter, Mediziner – kamen wir überein – meine Mutter sagte zwar: „Oh Gott, in unserer Familie ist doch bis jetzt noch keiner Lehrer geworden!" – dass ich das Studium wechseln und die „Lehrerei" angehen sollte.

Blieb das Problem des zweiten Faches – man musste ja in zwei Fächern die Lehramtsprüfungen ablegen – und Spanisch war als Zweitfach damals nicht möglich. Ich wollte aber unbedingt eine zweite Sprache dazuhaben, also was tun?

Französisch hatte ich in der Schule nicht gelernt, ich hatte allerdings sechs Jahre Lateinunterricht gehabt und recht gute Noten bekommen.

Ergo fiel meine Wahl auf Italienisch.

Gesagt, getan – hier begannen die Schwierigkeiten. Im Grundkurs, zusammen mit vierzig anderen StudentInnen, war ich nicht in der Lage, diese Sprache zu erlernen. Nun war guter Rat teuer ...

Über eine Lektorin an der Universität bekam ich schließlich die Chance, vier Wochen bei ihren Freunden in Rom zu sein.

Ich hatte in der Zwischenzeit meinen Mann kennen und lieben gelernt und fuhr deswegen – schweren Herzens – in die Ewige Stadt, um Italienisch zu lernen.

Die Familie, die mich aufnahm, war befreundet mit den Freunden dieser Grazer Lektorin, aber kein Familienmitglied sprach auch nur ein Wort Deutsch. So war ich gezwungen, die paar Vokabeln, die ich bisher gelernt hatte, zusammen mit Gesten und Gebärden einzusetzen und ihre Anzahl möglichst schnell zu erweitern. Ich hatte sehr viel Freizeit und nahm mir für jeden Tag eine Sehenswürdigkeit Roms vor. Allein die wunderschönen Brunnen und Plätze – Fontana di Trevi, Piazza Navona, Piazza di Spagna, Piazza della Conciliazione ... – begeisterten mich immer wieder aufs Neue. Die Kirchen und Museen waren weitere Höhepunkte dieses Aufenthaltes. Das Leben „all'italiana" lernte ich bei meiner Familie kennen, die sich wirklich bemühte, mein Italienisch aufzubessern.

Eines Tages wollte ich mit der Straßenbahn auf einen der Hügel Roms gelangen, um dort ein Museum zu besuchen. Ich bat den Schaffner, mir zu sagen, wann ich aussteigen sollte ... nach geraumer Zeit fragte ich nach. Der Schaffner antwortete in einem Schwall von Worten, von denen ich nur verstand, dass die Haltestelle schon längst vorüber sei ... Ich brauchte fast drei Stunden, um wieder in „bekanntes Gebiet" zu gelangen.

Meine römische Familie war entsetzt über mein „Abenteuer" und brachte mir – im Nachhinein natürlich – bei, was ich hätte sagen sollen.

Wieder in Österreich, konnte ich über eine Studienkollegin Privatstunden bei einer alten Dame bekommen, die in Salzburg – früher – den OpernsängerInnen Italienisch beigebracht hatte, sodass sie wussten, was sie sangen. Die Signora – eine Italienerin mit Grazer Ehemann – sehr liebenswürdig, aber gleichzeitig auch hartnäckig – sah und hörte sofort –, sie sprach nur Italienisch mit mir – wo ich sprachlich stand. Sie hat mich dort abgeholt und mit entsetzlichen Übungen aus einem uralten, verstaubten Lehrbuch traktiert. Sie war lieb, aber unnachgiebig, und ich musste Übungen und Vokabeln lernen, wie in der Schule. Wir sprachen aber auch über Salzburg und die SängerInnen, über das Wetter und die Politik, über meine und ihre Familie, über andere Leute etc. ...

Langsam wurde ich sprachlich sicherer. Die Signora hat mein Studium bis zur Lehramtsprüfung begleitet und wurde nicht müde, mich für ihre Muttersprache zu begeistern.

In Englisch ging es mir sehr gut – sprachlich – und so konnte ich beide Lehramtsprüfungen in beiden Sprachen, trotz des Wechsels, nach zehn Semestern positiv abschließen.

# Erste Gehversuche

Ich hatte inzwischen geheiratet und freute mich auf mein erstes Dienstjahr, das Probejahr.

Im Anschluss an die Lehramtsprüfungen musste jede/r ein Jahr an einer Schule seine Fächer in je einer Klasse unterrichten, wobei sie/er von einer/einem erfahrenen Kollegin/Kollegen begleitet, beraten, beobachtet wurde. Diese Betreuungslehrer/innen nahmen uns Jungvolk ohne praktische Erfahrungen „an die Hand" und zeigten uns aus ihrer Warte, „wie's geht".

Während des Studiums waren praktische Erfahrungen nicht an der Tagesordnung, die Pädagogik fiel einem am Ende des Studiums regelrecht auf den Kopf – man musste zwar eine pädagogische Lehramtsprüfung machen, die entsprechenden Inhalte – das tägliche Brot eines jeden Kollegen/einer jeden Kollegin – versuchte man möglichst rasch zu lernen, um dann die Lehramtsprüfung einigermaßen bestehen zu können.

Die Didaktikkenntnisse „erwarben" wir in ein paar Hospitationsstunden, soll heißen, wir hatten keine Ahnung.

So war das Probejahr, dieses erste Jahr Praxis nach den Lehramtsprüfungen, ein Sprung ins kalte Wasser.

Mit Italienisch als Zweitfach schickte man mich 1973 an ein Grazer Gymnasium, lauter Buben –, damals waren die Gymnasien in Mädchen- und Bubenschulen unterteilt – und ich war sehr zufrieden, dass ich nicht an eine Schule außerhalb von Graz kam, wohin ich mit dem Auto fahren musste.

Natürlich hatte ich keine Ahnung, was mich erwartete. Meine „Einführende" – so nannte man die BetreuungslehrerInnen – in Englisch postierte mich in einer vierten Klasse, wo ich meine ersten Gehversuche als Lehrerin unternahm und mich gleich wunderte, wie lange es dauerte, bis die Schüler das machten, was ich von ihnen wollte.

Fremdsprachen wurden damals über Bücher, Tonbänder, nachgesprochene Dialoge, Übungen auf der Tafel, Hausübungen, Vokabelüberprüfungen ... unterrichtet, der Schwerpunkt lag also auf dem Schriftlichen. Die SchülerInnen mussten sehr viel lesen und schreiben, eher weniger sprechen, was mich damals schon störte.

In Italienisch gab mir mein „Einführender" eine siebente Klasse, lauter junge Männer. „Sie werden das schon richtig machen" –, das waren alle „Infos", die ich von ihm bekam. Ich selbst war nicht so euphorisch, vor allem, weil sich in der ersten Stunde herausstellte, dass ein Schüler aus Südtirol kam und diesen „Sprachvorteil" weidlich ausnutzte, um mich bloßzustellen.

Ich war so verzagt, dass ich weinend nach Hause fuhr, in der Meinung, das Falsche studiert zu haben.

Durch den tröstlichen Zuspruch meines Mannes – er ist Elektrotechniker an der Technischen Universität und hat mit der Schule nichts zu tun – kam mir aber eine Idee, wie ich das Problem lösen könnte. Ich baute den Südtiroler in meinen Unterricht ein und hatte von da an keine Schwierigkeiten mehr.

Neben den Unterrichtsstunden studierte ich am Dolmetscherinstitut weiter, um sprachlich noch besser zu werden, und konnte nach diesem Jahr auch die Ausbildung zum „Übersetzer in Italienisch" positiv abschließen.

Ich „ersann" meine ersten Schularbeiten und korrigierte sie unter dem wachsamen Auge meiner Betreuungslehrerin, fragte die KollegInnen und wurde immer mehr in den Lehrkörper integriert.

Der Direktor des Gymnasiums war sich seiner Sache offenbar nicht ganz sicher, denn eines Tages, als ein Schüler während einer Diskussion ins WC wollte, und ich ihn mit einer Handbewegung losschickte, ohne das Gespräch zu unterbrechen, und er die Tür öffnete, stand der Direktor mit dem Ohr an der Tür, um zu lauschen.

Nach dem Besuch des Landesschulinspektors in meinen Stunden – ich war ziemlich aufgeregt, wusste aber, dass er Italienisch konnte, und baute auch ihn in meinen Unterricht ein – beendete ich mein Probejahr mit Glanz und Glorie, feierte dazwischen meine Sponsion und war neugierig auf meine erste „wirkliche" Stelle.

# Im Paradies

Das Schicksal – der Landesschulrat – war mir gewogen, und ich bekam eine IL-Stelle mit voller Lehrverpflichtung – allerdings nur Englisch – in einem Gymnasium – Mädchen und Buben gemischt – im Südosten der Steiermark. Die Schule hatte sehr viele Schüler und Lehrer, und man unterrichtete in drei Zügen: vormittags – alternierend vormittags – oder nachmittags.

Wir waren einige Grazer, alle jung, einige schon eine Zeit lang an der dortigen Schule, andere „blutige AnfängerInnen" wie ich; wir bildeten sofort eine Fahrgemeinschaft, über die der Einstieg in die neue Umgebung viel leichter fiel. Wir konnten alle Ereignisse – rund um Schüler – Lehrer – Kollegen – Direktion – Administration – auf diesen Fahrten besprechen und uns an die Gegebenheiten „gewöhnen".

Ich bekam Unterstufenklassen, hatte vormittags Unterricht und war bald gut angeschrieben im Sekretariat, was dort sehr wichtig war, wie mir die KollegInnen mitteilten. Die „Chefsekretärin" wählte nämlich nach eigenem Geschmack die Leute zu „geselligen Zusammenkünften" aus, die sehr lustig und „informativ" (andere KollegInnen betreffend) waren. Man traf sich nach der Schule in einer Buschenschank, suchte sich möglichst schnell eine „seriöse" Mitfahrgelegenheit – nur so konnte man dort essen und Wein trinken – und kam gegen Abend zurück nach Graz.

Das Unterrichten erschien mir dort auf einmal „wie im Paradies": Was ich meinen SchülerInnen erklärte, von ihnen verlangte, … alles lief wie am Schnürchen. Die Eltern waren verständnisvoll, bemüht und suchten den Fehler immer vorwiegend bei den eigenen Sprösslingen.

Ich versuchte auch, mich auf diese Kinder einzustellen, machte Feedbacks in meinen Klassen und „verkaufte meine Ware" laut

Aussage meiner KollegInnen – die ich immer wieder um ihre Meinung bat – mit „viel Schwung und Freundlichkeit".

Ich supplierte natürlich auch – wie die anderen – sogar einmal vier Stunden Turnen, was mir ungeheuer viel Spaß machte, aber dazu führte, dass ich mich danach – ich hatte alle Übungen mitgemacht – kaum noch rühren konnte und auf „allen vieren" zum Auto wankte.

Ein besonderes Erlebnis war der Schikurs in Flachau/Zauchensee, auf den ich als Begleitlehrerin mitgenommen wurde. Kindern Schifahren beizubringen, war für mich neu, aber sehr schön und ich konnte diese Woche im Schnee wirklich genießen. Ich hatte meine Gruppe, musste aber sonst nicht viel organisieren, die KollegInnen waren sehr nett und das Wetter war schön.

Das Unterrichten gefiel mir nun sehr, wohl auch, weil die SchülerInnen meinen Vorgaben recht gut folgen konnten und die Ergebnisse sehr ansprechend waren.

Während einer Schularbeit bemerkte ich, dass ein Schüler schwindelte, aber ich konnte weder Zettel noch Buch oder andere „Hilfsmittel" erkennen. Ich ließ den Schüler zu Ende schreiben; als er das Heft abgab, fragte ich ihn, wo er denn nun den Schwindelzettel gehabt hätte, ich würde ihm „daraus keinen Strick drehen". Er zog lächelnd seinen Clog aus und ich sah den Zettel auf der Innensohle.

In einer Klasse machte ich ein bisschen englische Geschichte und erzählte von Sir Francis Drake. Als dieses Kapitel bei der Schularbeit gefragt war, schilderte ein Schüler den Untergang der spanischen Armada so: „Sir Francis Drake took many ships to how the Spanish into the fleet." Erst nach mehrmaligem, auch lautem Lesen verstand ich, dass Sir F.D. die Schiffe gebrauchte, „um die Spanier in die Flucht zu hauen".

Meine Tätigkeit als Lehrerin begann mir richtig Spaß zu machen, und ich fühlte mich von den meisten Kollegen gut auf- und angenommen.

Aber nicht alle Kollegen an dieser Schule kannten mich anfangs, und so kam es, dass einer mich auf dem Weg in die Klasse mit einem unwirschen „Schau, dass du in die Klasse kommst, es hat schon geläutet!" weiterscheuchte.

Andererseits lernte ich, mich in der Administration zu „behaupten" und nicht jede Zusatzaufgabe zu jeder Zeit übernehmen zu müssen.

Das Sekretariat und die Direktion waren mir sehr gewogen, und das merkte ich jeden Tag.

Gegen Ende dieses ersten „wirklichen" Schuljahres – mir war klar, dass ich an der Uni nicht unterrichten gelernt hatte – es gab keine Einführungsseminare mit Praxisbezug („Wie stelle ich eine Schularbeit zusammen? Wie bringt man Schülern Grammatik/Vokabel so bei, dass sie auch wirklich gekonnt werden …?), man war auf Ratschläge aus der Kollegenschaft angewiesen und auf den eigenen „Hausverstand", dafür hatte man aber sehr viel Hintergrundwissen (Sprachgeschichte, Literatur, Phonetik) –, meldete sich mein Lateinlehrer aus meinen „gymnasialen Zeiten". Er war inzwischen Direktor eines Grazer Gymnasiums und wollte mich an seine Schule holen. Ich sollte in erster Linie Englisch unterrichten.

Meine Überraschung war groß, ich war ja erst ein Jahr „in der Provinz" und konnte schon „zurück in die Stadt" … Aber vor Beginn des neuen Schuljahres war meine Versetzung fix und ich startete mit meinem „Antrittsbesuch" kurz vor Schulbeginn.

## Krieg gegen die alten Männer

Direktor, Administrator und Personalvertreter – sie musterten mich genau – nahmen mich in Empfang, boten mir das Du-Wort an und erklärten mir, dass erst mit mir mehr Frauen in den Lehrkörper dieses altehrwürdigen Knabengymnasiums einträten; bis dato gäbe es eine Chemikerin, eine Lateinerin und eine Anglistin auf Karenz, also zum damaligen Zeitpunkt zwei; eine davon war bei dem Empfangskomitee dabei. Ich würde nur erste Klassen bekommen und eine siebente Klasse – und ich könnte natürlich keinesfalls Ansprüche bezüglich des Stundenplanes stellen, da ich ja gerade erst in die Schule eingetreten sei.

Ich war so froh, dass ich nicht mehr so weit fahren musste, dass mir all diese Ankündigungen nicht wirklich Angst machten.

Das Schulgebäude war alt, die Klassen hässlich, aber es gab einen neuen Trakt der ersten Klassen, wo ich vorzugsweise zu unterrichten hatte – übrigens sechs Tage die Woche, „ein freier Tag ist für Sie leider nicht drinnen".

Was ich nicht wusste, war die Macht der „alten Männer", die ich sofort zu spüren bekam. Einige reagierten nicht auf meinen Gruß, einer schickte mich „zurück an den Herd", manche ignorierten mich. Also suchte ich „Verbündete" und fand sie in den anderen „Neuen", die mit mir begonnen hatten. Wir stützten uns gegenseitig, schimpften gemeinsam und verstanden uns prächtig.

Mit den Schülern der ersten Klassen gab es keine Probleme, ich versuchte, den Unterricht so fröhlich und interessant wie möglich zu gestalten.

Die siebente Klasse war „ein anderes Kaliber", die Schüler konnten nicht viel und glaubten, sich gegen mich durchsetzen zu können. Ich machte ihnen klar, dass das nicht meine „Zielvorstellung" war. Mich an den Südtiroler im Probejahr erinnernd, setzte ich Charme, Planung (Wie komme ich dorthin?) und Ziel-

vorgaben (Maturaniveau), die sie verstehen konnten, ein, und ...
es funktionierte.

Nach vielen Jahren sprach ich mit einigen „Ehemaligen" dieser Klasse bei einem Maturatreffen, und sie sagten mir: „Gott sei Dank haben Sie uns so gefordert – heute wissen wir, dass wir deshalb gut Englisch können und wir brauchen es auch."

Langsam erkannte aber die „alte Riege", dass wir Jungen durchaus in der Lage waren, Unterricht mit Disziplin zu verbinden, dass es praktisch war, uns für Supplierungen zur Hand zu haben, dass wir diverse Unternehmungen der Lehrerschaft „aufpolierten", z.B. das Faschingsgschnas, dass man mit uns lachen konnte etc. Man fing an, uns zu „mögen".

# Drei Geburten und dann volle Lehrverpflichtung

Da kam es, dass ich schwanger wurde. Der Direktor fand das weniger tragisch – mir war das unangenehm, da ich ja gerade erst an die Schule gekommen war – er sagte: „Damit muss man rechnen, wenn man junge Frauen einstellt." Und ich war erleichtert. Nun mussten die Klassen informiert werden. In einer ersten Klasse kam folgende Rückmeldung: „Aber, Frau Professor, warum haben Sie denn die Pille vergessen???"

Nach der Geburt unseres ersten Sohnes nahm ich ein Karenzjahr, gegen dessen Ende wir aus der eng gewordenen Wohnung in ein Haus in Petersbergen umzogen. Es war ein gemütliches „Knusperhaus" am Waldrand, aber fernab jeder „Zivilisation", d. h., man brauchte ein Auto für jeden Liter Milch. So wechselten mein Mann und ich uns ab, wer wann das Auto benützen konnte. Das Jahr verging wie im Flug, und der „Schulbeginn" näherte sich.

Mein Mann und ich kamen überein, für unseren Sohn eine Kinderfrau zu suchen. Das war sehr schwierig, auch wegen der Lage des Hauses (kein Bus), aber schließlich fanden wir eine „Tante Elfi", der der Weg zu uns nicht zu weit war. So konnte ich halbwegs beruhigt wieder in die Schule fahren, mein Gehalt allerdings bekam Tante Elfi.

In der Schule lief alles wie vorher, nur ich hatte die großen und kleinen Sorgen einer berufstätigen Frau und Mutter. War Tante Elfi krank, hatten wir gröbste Probleme. Oft blieb mein Mann, wenn es möglich war, zu Hause, bis ich aus der Schule kam. Manchmal sprangen die Nachbarinnen ein – eine hatte einen Sportwagen, ein großes Vergnügen für unseren Sohn, der sofort zu brüllen aufhörte, wenn die Nachbarin mit ihm losfuhr.

Einmal allerdings wurde die Situation „dramatisch". Der Ganztages-Wandertag „näherte sich", eine Schulveranstaltung, zu der je nach Klassengröße BegleitlehrerInnen gesucht wurden. Der damalige Administrator war mir sehr wohlgesinnt und wusste, dass ich Probleme mit dem Beaufsichtigen unseres Sohnes außerhalb der Schulzeiten hatte. Also „verschonte" er mich. Ein Kollege, Klassenvorstand einer ersten Klasse, in der ich Englisch unterrichtete, fragte mich am Tag vor diesem Wandertag, ob ich nicht mitkommen könnte. Ich bedauerte und erklärte die „Beaufsichtigungsschwierigkeiten". Am Nachmittag desselben Tages rief mich der Direktor wutentbrannt zu Hause an – wieso wusste er davon? Von mir nicht! –, erklärte mir, dass ich am nächsten Tag mitzugehen hätte, dass dies meine Dienstpflicht wäre, er mir sonst eine Weisung erteilen würde etc.

Ich war komplett erledigt und versuchte, eine Lösung zu finden. Da sonst niemand Zeit hatte, lud ich mein Kind – zwei Jahre, recht kräftig – in einen Tragerucksack und ging – mit ihm am Rücken – „auf Wandertag". Diese erste Klasse war sehr lebhaft, also wollte der Klassenvorstand die Buben müde kriegen und wir marschierten sechs Stunden lang durch die Gegend um Andritz. Mein Sohn ließ sich von niemand anderem tragen, also … nach Hause kam ich „auf allen vieren" und musste in der Folge medizinisch betreut werden, da sich einige Wirbel verschoben hatten.

So hatte die Sache ein „Nachspiel", in dem ich dem Direktor meine Sicht der Angelegenheit und die gesundheitlichen Folgen darstellte. Er reagierte darauf mit weiteren Wutausbrüchen, und ich mit weiteren „Gegenreden". Am Ende waren wir beide beleidigt und gingen uns aus dem Weg. Nach einigen Tagen kam aber der Direktor auf mich zu, und wir versöhnten uns.

In Folge konnten wir fast alles miteinander ausreden und solche Probleme gab es nie wieder.

Nach einem guten Jahr wurde ich wieder schwanger. Wir bekamen unseren zweiten Sohn und ich nahm wieder ein Karenzjahr.

In diesem Jahr stand Kinderbetreuung an erster Stelle, und auch dieses Jahr verging wie im Flug. Leider starb in diesem Jahr meine Mutter, und ich musste mich um mein Erbe kümmern. In dieser Zeit bekam ich auch mein erstes Auto, einen uralten

VW Käfer, den mir meine Tante schenkte. Leider hat dieses Auto nicht lang „gehalten".

In diesem Jahr fand ich auch ein Haus für uns, das wir mit meinem Erbe und unseren Gehältern bezahlen konnten. Wir übersiedelten in verkehrstechnisch „angenehmere" Gefilde. Als die Schule wieder begann, hatte ich zwar einen kürzeren Schulweg, aber keine Tante Elfi mehr. Sie hatte aus familiären Gründen – ein Enkelkind war zu betreuen und sie hatte daher keine Zeit mehr – gekündigt.

Gott sei Dank fand sich eine „Tante Hilde", eine ältere Dame, sehr lieb und freundlich. Unsere Kinder waren begeistert.

Und ich wurde wieder schwanger. Wir bekamen unseren dritten Sohn, ich nahm ein Karenzjahr – und Tante Hilde war einverstanden, bei Schulbeginn „zur Verfügung zu stehen".

In diesem Jahr veränderte sich „meine" Schule, und aus einem Bubengymnasium wurde eine „gemischte" Schule, d. h., es wurden auch Mädchen aufgenommen.

Das war nun **die** Chance für meine Kollegenfreundin (sie unterrichtete Englisch und hatte als zweites Fach Französisch) und mich (Englisch und Italienisch), unsere „Zweitsprachen" bei den Mädchen statt Darstellender Geometrie und mehr Physik und Chemie anzubieten.

Wir hatten beide den Direktor schon vorher „bearbeitet", uns doch eine Chance für diese Fremdsprachen zu geben, doch er hatte immer abgelehnt.

Nun ließ er sich „erweichen" – Elternwünsche und SchülerInnenwünsche gab es auch – und gestattete die Einführung eines „neusprachlichen Gymnasiums" mit Englisch ab der ersten, Latein ab der dritten und Französisch oder Italienisch ab der fünften Klasse.

Für mich bedeutete das ein früheres Ende meines Karenzjahres, auch unter dem „sanften" Druck des Direktors, der ansonsten keine Möglichkeit für meine Pragmatisierung sah, d. h. die Übernahme in das Bundesbedienstetenverhältnis und weitgehende Unkündbarkeit sowie Versetzungsschutz.

Tante Hilde konnte, Gott sei Dank, früher bei uns anfangen und ich konnte wieder unterrichten.

Nun begannen die anstrengendsten Jahre meines Lebens. Ich hatte drei kleine Kinder und beruflich ging ich auf „neuen Wegen".

Ich wurde Klassenvorstand einer sechsten Klasse, meine Vorgängerin hatte sich nach Wien versetzen lassen, ich hatte Englischstunden in mehreren Klassen und ich musste mit meiner Freundin den Unterricht in den zweiten lebenden Fremdsprachen aufbauen. Wir konnten uns natürlich an den Lehrplänen orientieren, aber die Praxis warf andere Fragen auf. Wir mussten uns, zum Beispiel, ein Korrektursystem überlegen. Die Frage war: „Was streichen wir als schweren Fehler an, was lassen wir „durchgehen", was muss der Schüler/die Schülerin wirklich unbedingt wissen, wo können wir „großzügig sein"? Glücklicherweise sind Französisch und Italienisch als romanische Sprachen sehr eng verwandt, sodass dieses System für beide Sprachen anwendbar war und die SchülerInnen uns auch nicht „ausspielen" konnten („die Frau Professor für Französisch hat aber ..."). Natürlich waren wir auch beide ehrgeizig und wollten unsere SchülerInnen möglichst in die Nähe der Resultate in der ersten lebenden Fremdsprache, also Englisch, bringen, obwohl wir nur vier Jahre zur Verfügung hatten. Aber die SchülerInnen hatten ja schon eine Fremdsprache gelernt, wussten also schon, „wie's geht". Aber: Wo waren die Unterschiede in der neuen Sprache? Konnte man Regeln erkennen, wenn man Beispiele betrachtete? Wie funktionierte diese neue Sprache? Wie konnte man sich das alles merken? Gab es dafür Strategien?

Immer wieder wurde mir von SchülerInnen am Ende der Stunde gesagt: „Jetzt verstehe ich das auch im Englischen/im Deutschen."

Wir entdeckten „false friends" (engl. „parents" ist nicht gleichbedeutend mit ital. „parenti"), wir benützten Musik als Lernhilfe für Wörter (besonders Refrains eignen sich dafür), wir spielten Dialoge in der Klasse, es gab Frage- und Antwortspiele, wir übten im Chor, z. B. Zahlen, das Alphabet etc. ... Natürlich gab es Hausübungen, die wir korrigierten, und wir wiederholten fast jede Stunde.

Die ersten Schularbeiten korrigierten wir zusammen – auch mit Hilfe des Telefons: „Wann gibst du ein „Nicht genügend"? Wie viele „Nicht genügend" hast du schon? Sollen wir die Fehler (z. B. Artikel, Endungen ... „bündeln"? Wie können wir die sprachlich Wagemutigen, die Vielschreiber, die Bemühten unterstützen? Gibst du Pluspunkte? ..."
Unser Unterricht basierte auf grammatikalischen Grundstrukturen und auf Wortschatz. Wir hatten Lehrbücher – aber die waren langweilig für SchülerInnen und LehrerInnen. Also vermittelten wir die Grundkenntnisse mit dem langweiligen Buch, versuchten so schnell wie möglich mit den SchülerInnen in ein Gespräch in der Fremdsprache zu kommen, mit dem Hinweis, dann – bei besserer Sprachbeherrschung – zu Themen überzugehen, die die SchülerInnen selbst interessierten.

Wir hofften auch, dass einige zur Matura antreten würden; also strengten wir uns an, den SchülerInnen über Bücher, Zeitungsartikel, Filme etc. so viele Themen vorzustellen, dass wir für diese Abschlussprüfung genügend „Möglichkeiten" für Maturafragen hatten.

Ich hatte einige Klassen, mit denen ich Ausschnitte aus der italienischen Literaturgeschichte bearbeiten konnte. Wir lasen Beispiele aus der „Divina Commedia" (Dante Alighieri), aus dem „Canzoniere" (Francesco Petrarca) und aus dem „Decamerone" (Giovanni Boccaccio), natürlich nur „harmlose" Geschichten, aus „Orlando Furioso" (Ludovico Ariosto), aus den „Promessi Sposi" (Alessandro Manzoni), wir beschäftigten uns mit der „Commedia dell'Arte" ... aber es gab auch Klassen, für die die Mafia interessant war, oder der italienische Fußball ... Für die meisten Themen musste auch ich mich erst einmal vorbereiten, d. h. Material sammeln, aufbereiten, kopieren, Fragen zusammenstellen ...

So lernten nicht nur die SchülerInnen, sondern auch wir.

Zur ersten Matura in der zweiten lebenden Fremdsprache traten dann mehr KandidatInnen an, als erwartet. Wir, meine Freundin für Französisch und ich, hatten Fragestellungen, Korrektur, Länge der Arbeiten etc. gemeinsam erarbeitet, nun waren wir genauso aufgeregt wie die SchülerInnen, wenn nicht mehr. Doch, sowohl die schriftlichen als auch die mündlichen Prüfungen waren erfolgreich gemeistert worden; wir waren stolz auf die SchülerInnen, aber auch auf uns. Der erste „Durchgang" war ein Erfolg für alle „Beteiligten" und ich hatte das Gefühl: „Jetzt beherrsche ich die Sprache wirklich!!!"

Für zu Hause gab es Gott sei Dank immer noch Tante Hilde, die sich auf meinen Stundenplan einstellen konnte. Die drei Buben waren natürlich anstrengend und erforderten „generalstabsmäßige Planung". Tante Hilde ging, wenn ich zur Tür hereinkam. Und ich war „beschäftigt", bis es Zeit war, die Kinder ins Bett zu bringen. Nun begann die Arbeit für die Schule. Korrekturen von Schularbeiten, Hausübungen und Vorbereitungen konnte ich nur nachts erledigen.

Leider musste ich bald auf Tante Hilde verzichten, da sie erkrankte.

Also suchte ich aufs Neue und stellte eine junge Frau ein, die uns einige Zeit erhalten blieb.

Wenn sie – im Krankheitsfall – ausfiel, dann wurde es dramatisch, siehe oben: Mein Mann sprang ein, bis ich aus der Schule kam. (Pflegeurlaub gab es damals noch nicht.)

Diese Jahre waren äußerst turbulent, und der Spagat zwischen Beruf und Ambitionen und meiner Familie und dem Haushalt gelang nicht immer zufriedenstellend.

Abends fragte ich mich oft, warum ich dies oder das nun doch nicht mehr geschafft hatte, anstatt sich über das Erledigte zu freuen –, aber dies ist die Weisheit des Alters.

## Personalvertreterin – was nun?

In diesen Jahren fasste ich auch im KollegInnenkreis immer mehr Fuß, getraute mich auch, bei Konferenzen meine Meinung zu sagen – in der Zeit davor wurde ich ja gar nicht ernst genommen – „geh', Kleine ..." –, und wurde so bei der nächsten Personalvertreterwahl „eingeladen", mich auf die Liste setzen zu lassen.

Ein/e Personalvertreter/in ist ein Mitglied des Lehrkörpers, der/die die Wünsche und Beschwerden der KollegInnen gegenüber der Schulleitung oder dem Landesschulrat zu vertreten hat. Dieses Amt ist nicht immer leicht auszuüben, da die Anliegen der KollegInnen oft nicht mit den „eigenen" korrespondieren, und der/die Personalvertreter/in sich auf die Position der/des Kollegin/Kollegen begeben muss.

Wir hatten inzwischen einen neuen Direktor und ich glaubte, ein solches Amt gut ausfüllen zu können.

Dabei ist, zum Beispiel, Folgendes passiert:

Eine Kollegin alterierte sich über eine Aussage des Direktors; ich bat um ein Gespräch in der Direktion, wo ich die Position dieser Kollegin erläuterte. Wir fanden eine Lösung, die ich der Kollegin mitteilte. Ihre Reaktion war: „Was musst du aber auch gleich zum Chef rennen!!!"

Eine andere liebe Kollegin fragte mich einmal, wie viel ich dafür gezahlt bekäme. Als ich antwortete, dass das ein Ehrenamt sei, sagte sie: „Warum machst du's dann?"

Warum machte ich es? Ich wollte zwischen Direktion und Lehrkörper vermitteln, ich wollte, dass die Schule ihren guten Ruf behielt, ich wollte, dass die SchülerInnen stolz waren, bei uns in die Schule gehen zu können. Daher musste auch die Lehrerschaft motiviert sein, ihr Bestes zu geben. Das war nicht immer so ganz leicht und wir hatten einige Seminare zum Thema Schulorganisation neu. Damals gab es viele neue Ideen dazu, die viele von uns recht beeindruckend fanden. Der Schweizer Elmar Osswald – einige meiner KollegInnen und ich besuchten seine Seminare – hat mich tief beeindruckt. Er verstand die nötige Erneuerung des Systems Schule als eine Wendung vom Einzelkämpfer zum Lehrerteam, als Kooperation statt Rivalität, als das Suchen nach Konsens und Synergien, als das Übernehmen von Verantwortung und das Klären von Konflikten. In der Schule soll Wissen vermittelt *und* zum Denken in Zusammenhängen angeregt werden. Probleme sollen gelöst werden, damit auch die folgenden gelöst werden können. Ziel der Schule sollte **ständige Verbesserung** sein. „Schau nach innen und nach außen", ist einer dieser Leitsätze 1). Wir versuchten, diese Ideen in die Praxis umzusetzen, und nicht alle KollegInnen waren davon begeistert.

Die Aufgaben eines Personalvertreters/einer Personalvertreterin sind vielschichtig. Es geht darum, die Position der KollegInnen in allen Belangen der Schulorganisation gegenüber der Schulleitung zu vertreten, z. B. in Bezug auf die Lehrfächerverteilung (Wer bekommt welche Klasse im nächsten Schuljahr?), Stundenplan, Lehrerfortbildung, Veranstaltungen wie „Tag der offenen Tür", Feste …, Veränderungen innerhalb des Lehrkörpers usw. Besonders gefragt sind Personalvertreter aber in Konflikt- und Krisensituationen, wo auch Verständnis und Konfliktlösungspotenzial erforderlich sind. Man kann nicht nur „everybodys darling" sein, es ist nötig, den Konflikt/die Krise möglichst klar und für beide „Parteien" befriedigend zu lösen, wobei die eigene Person sekundär ist.

Es gab natürlich auch die Möglichkeit, Schulungskurse für PersonalvertreterInnen zu besuchen, wo man das nötige „Rüstzeug" für diese Position in der Schule vermittelt bekam.

Ein weiterer Impuls war für mich ein zweitägiger Einführungskurs in das Neurolinguistische Programmieren, das NLP, im täglichen Leben und in der Kommunikation. Ich hörte, wie Wahrnehmen (= Gehirn = Neuro), bewusste Analyse (= Sprache = Linguistik) und Steuerung beziehungsweise Veränderung von Verhalten über das Lernen (= Programm) zusammenhängen. Das Erreichen von Zielen, das Erkennen der Realität, die Schlüssel zur erfolgreichen Kommunikation, die Macht der Anker, die Wichtigkeit der Selbstverantwortung usw. waren Themen, die mich ungeheuer interessierten. Immer wieder dachte ich, wie man diese Dinge auch in der Schule würde einsetzen können.

So bot das damalige Pädagogische Institut des Bundes (heute Pädagogische Universität) einen mehrteiligen Kurs an von jeweils einer Woche in den Sommerferien zum Thema

# Ich will führen – will ich führen?

Der Titel sprach mich an, da meine berufliche Position durchaus mit diesem Titel umschrieben werden konnte. Die KursteilnehmerInnen waren engagierte Leute, die sich über ihre Position in der Schule und über die Position ihrer Schule Gedanken machten. Die LektorInnen versuchten, aus schiefgelaufenen Situationen in der Schule (Direktion – LehrerInnen; LehrerInnen – SchülerInnen; LehrerInnen – Eltern …) gemeinsam mit uns Verbesserungen zu erarbeiten. Das lief über Rollenspiele (Direktor – aufgebrachte Eltern; Direktor – aufgebrachter Lehrer …), Diskussionen in Gruppen, Brainstorming und folgende Präsentation des Ergebnisses, Fragebögen usw.

Jeder von uns hatte die Möglichkeit, alle diese „neuen" Dinge, wie „feedback", soft skills, Kommunikation, Konfliktlösungsstrategien, Aufgaben eines „mittleren Managements" in der Schule etc. kennenzulernen und auch praktisch anzuwenden. Man konnte sich dabei auch selbst besser kennenlernen, die Reaktionen der anderen erproben, neue Zugänge erkennen. Klarerweise lernten sich die Mitglieder der Gruppe untereinander sehr gut kennen, und es entstanden viele Freundschaften, die bis zum Ende des Berufslebens „anhielten".

Ich habe alle diese Module, vier insgesamt, besucht, die mich sehr beeindruckten. Sie waren auch meine Motivation, mich später für eine DirektorInnenstelle zu bewerben.

Ähnlich prägend war für mich der Entschluss, mich mit dem Mentalen Training zu beschäftigen.

Aus den Medien hörte man immer wieder, dass Leistungssportler, Manager, andere Zampanos … mit Hilfe des Mentalen Trainings alles Mögliche leisten und erreichen konnten. Da ich diesen Meldungen gegenüber immer eher misstrauisch war, beschloss ich, dieses Training kennenzulernen. Es flatterte eine Broschüre ins Haus, in der ein zweitägiger Einführungskurs in das Mentale Training angeboten wurde. Eine Kollegin an der Schule und ich meldeten uns an. Nach diesem Wochenende in der steirischen Thermenregion „tickten die Uhren ein bisschen anders", insofern als wir uns über „Gedankendisziplin" und „Psychohygiene", über „Bewusstsein" und „Wunscherfüllung" unterhielten. Wir waren beide überrascht, welche Möglichkeiten – wir bekamen sie vorgeführt und übten sie dann selbst – sich da eröffneten. Gleichzeitig konnten und wollten wir nicht alles glauben, was uns da präsentiert wurde. Der Vortragende war ein Könner und ausgezeichneter Menschenkenner. Er konnte unsere Einwände – oft mit ganz unerwarteten Gründen – zerstreuen.

Ein Beispiel für eine Konfliktsituation: Schwierigkeiten der LehrerInnen mit der Direktion einer Schule: Die LehrerInnen erklären ihren Standpunkt, die Direktion akzeptiert den Standpunkt, ändert aber nichts an der Grundsituation. Antwort des Mentaltrainers: „Na und? Die Wahrnehmungsebene der beiden „Gegner" ist unterschiedlich, die LehrerInnen sehen die Situation anders als die Direktion."

In den folgenden Kursen ging es um „Befreiung von Schuldgefühlen, von Ärger und Angst, es ging um Wünsche und Gefühle, um Ziele und Erfolg, um Freiheit, Innere Bilder, Geistige Gesetze, die eigene Berufung, die eigene Zukunft und vieles andere.

Da diese Themen im Alltag eher „zu kurz" kommen, fanden wir in diesen Kursen Zeit und Muße, uns damit zu beschäftigen. Je mehr wir davon hörten, umso interessierter wurden wir. So kam es, dass wir beide auch den Ausbildungskurs zum Mentaltrainer, zur Mentaltrainerin absolvierten und mit einer Diplomprüfung abschlossen. Wir schrieben eine recht umfangreiche Seminararbeit (über 100 Seiten) und mussten ein Seminar abhalten, wobei die anderen PrüfungskandidatInnen die – oft sehr kritischen – SeminarteilnehmerInnen darstellten. Der Vorteil dieser Ausbildung war, dass wir manche Situationen, sei es im Lehrkörper, sei es in der Klasse mit den SchülerInnen, anders bewältigen konnten. Lernschwierigkeiten der SchülerInnen können über Mentales Training etwas eingedämmt werden,

Zeitmanagement ist ein Thema für SchülerInnen und für LehrerInnen usw.

Auch in einer weiteren Hinsicht war und ist das Mentale Training eine Hilfe. Durch die Beschäftigung mit sich selbst setzt ein verstärktes, kritisches Sich-Selbst-Betrachten ein; man beginnt, sich zu fragen: „Was mache ich wie?" Die Wahrnehmung der eigenen Verhaltensmuster und deren Hinterfragen führen so zu Veränderung, zu Erneuerung. „Die alten Bilder passen nicht mehr."

Da meine Generation noch zu „Zucht und Ordnung" erzogen worden war, war das auch mein Zugang zum Erreichen von Leistung bei den SchülerInnen, oder privat in der Erziehung unserer Söhne – mein Mann war immer viel „geduldiger" als ich. Durch diese neuen Zugänge, wie das Mentale Training, fiel mir bald auf, dass „law and order" nicht mehr das Maß aller Dinge sein konnten. Ich merkte auch an den Reaktionen in der Klasse, wie sehr Verständnis, Großzügigkeit und Freundlichkeit das Klima – aber auch die Leistungsbereitschaft – förderten. Natürlich war und ist das immer eine Gratwanderung – wo kann ich nachgeben, wo muss ich hart bleiben, hart, damit der Schüler, die Schülerin am Ende der Schullaufbahn sagen kann: „Ich bin allgemein gebildet, ich kann jeden Beruf ergreifen, der mich interessiert, ich habe die nötigen Voraussetzungen dafür. Diese acht – manchmal etwas mehr – Jahre sind ein gutes Startkapital."

So kam ich von den „Anordnungen" zu den „Vereinbarungen". Ich habe mit meinen Klassen sowohl den Lehrstoff als auch die Ziele (= Schularbeiten, Prüfungen …) und deren Erreichen gemeinsam definiert. Besonders das Erlernen von Vokabeln war – und ist – in jeder Klasse ein „Thema". Ich habe im Laufe meiner mehr als dreißig Jahre dauernden Unterrichtstätigkeit unzählige Varianten davon ausprobiert, wobei die SchülerInnen selbst immer eine Überprüfung forderten. Man sieht also, dass die jungen Leute ziemlich gut Bescheid wissen, was sie brauchen.

In diesem Zusammenhang muss ich auch erwähnen, dass unser dritter Sohn, kein großer Befürworter der Schule – weder der Volksschule noch des Gymnasiums – mich fühlen ließ, was es heißt, in die Sprechstunden gehen zu müssen und zu wissen, dass bestimmt wieder einiges „im Argen" sein wird. (Er hat dann aber – genauso wie seine beiden älteren Brüder – die Reifeprüfung bestanden und zu studieren begonnen.) Diese Erfahrungen in der eigenen Familie halfen mir sehr, wenn verzweifelte Eltern in meinen Sprechstunden um Hilfe baten.

# Landesfachkoordination

Fast gleichzeitig mit meiner „Beförderung" zur Personalvertreterin wurde ich von der Fachschaft der ItalienischlehrerInnen in der Steiermark zu deren Arbeitsgruppenleiterin gewählt. Das bedeutete, dass ich mich um alle Belange meiner KollegInnen wie Benotung, Reifeprüfung, Unterrichtsmaterial, Fortbildung, Position des Italienischen in den steirischen Gymnasien, Bitten und Anfragen aus der Kollegenschaft, Proteste etc. zu kümmern hatte.

Ich wollte etwas für mein Fach tun – den KollegInnen die Möglichkeit geben, miteinander Erfahrungen zu diskutieren, gemeinsam Lösungen für Probleme finden, und Fortbildungen organisieren, die die KollegInnen „glücklich machen" konnten.

Die jährlichen Sitzungen der ARGE-LeiterInnen – so hießen wir damals – fanden in Bad Gleichenberg statt. Die Schulaufsicht, d. h. die VertreterInnen des Landesschulrates, war immer auch dabei – doch die Gruppe – wir waren und sind richtige FreundInnen geworden – blieb sehr eigenständig und bildete eine Plattform für alle Sorgen und Nöte der Fächer, die hier „ungeschminkt" geäußert werden konnten. Es gab einen Vorsitzenden, der diese Sorgen und Nöte der Schulaufsicht berichtete. Manchmal konnten gleich Lösungen gefunden werden, manchmal dauerte es länger.

Und wir hatten Fortbildungsseminare, deren Inhalte – so wie die Ankündigungen der Schulaufsicht – wir kommunizieren sollten.

Einige Jahre nach meinem Einstieg wurden die Karten „neu gemischt". Aus den ARGE-LeiterInnen wurden LandesfachkoordinatorInnen mit erweiterter „Arbeitsplatzbeschreibung". Zu den bisherigen „Dienstleistungen" kamen noch einige dazu, wie die Überprüfung der Reifeprüfungsthemen, die Position als AnsprechpartnerIn für die Schulaufsicht, die Erstellung einer jährlichen Bilanz des Faches, Organisation eines FachkoordinatorInnentages etc.

Je nach Größe des Faches (Anzahl der das Fach unterrichtenden LehrerInnen) wurden diese Aufgaben mit Werteinheiten abgegolten.

Ich habe diese Aufgaben fast zwanzig Jahre lang so gut als möglich erfüllt. Es machte mir großen Spaß, die Fortbildungen zu organisieren, die KollegInnen zu treffen, mit ihnen zu diskutieren, Lösungen für Probleme zu finden, die man selbst oder die andere hatten. Wir hatten das Gefühl, nicht allein zu sein mit dem, was „nicht stimmte".

Durch die Möglichkeiten des Computers vereinfachten sich die Dinge beträchtlich, wobei ich – Gott sei Dank – auf die Hilfe unserer Söhne zählen konnte, die im Gegensatz zu mir mit diesen Geräten aufgewachsen waren.

Aber auch die Kollegenschaft war dankbar für die entsprechenden Seminare zum EDV-Einsatz, und mit der Zeit bildeten sich einige „Asse" heraus, die dann den anderen auf die Sprünge helfen konnten.

Ich glaube, wir waren damals wie eine Familie. Jeder und jede hatte seine/ihre speziellen Talente, die den anderen zugutekommen konnten. Natürlich gab es auch Meinungsverschiedenheiten – wie in jeder Familie – aber wir konnten fast alle im Konsens lösen; und wir alle nahmen unser Fach und unsere damit zusammenhängenden Aufgaben sehr ernst. Ein besonderer Genuss waren die von ItalienerInnen – in Italienisch – gehaltenen Fortbildungen, die damit in Zusammenhang stehenden Diskussionen, die damit einhergehenden Motivationen, etwas Neues, anderes auszuprobieren.

Als LandesfachkoordinatorIn wurde man natürlich auch für Neuerungen, die das Fach betrafen, herangezogen.

Wir schrieben, zum Beispiel, neue Lehrpläne – eine gigantische Arbeit – um dann zu erfahren, dass nach Abschluss dieser Arbeit die Unterrichtsministerin pro Fach – zumindest in den Fremdsprachen – zwei Stunden pro Woche einsparen würde. Das bedeutete, dass diese Lehrpläne nicht mehr „passen" konnten.

Wir waren am Erstellen der Themen für die neue Reifeprüfung beteiligt, man nützte unsere „Arbeitskraft", unsere „Kreativität" aus, wofür andere sich „die Lorbeeren" abholten.

Aber wir waren auch „am Puls" der Dinge und konnten unseren FachkoordinatorInnen an den Schulen die neuesten „Errungenschaften" berichten, beziehungsweise diese diskutieren.

Wir erfuhren von neuen Lehrbüchern und konnten deren Präsentation in unsere Fortbildungsprogramme integrieren.

Es wurden „workshops" zur Unterrichtstätigkeit (Themen und Korrektur von Schularbeiten, Organisation von Sprachwochen in Italien, Motivation zum Sprechen, Übungen zu Hörtexten, Verwendung von Filmen im Unterricht, die Möglichkeit, „Sprachtage mit Intensivprogramm" zu veranstalten, das Programm der Grazer Oper für den Unterricht zu nützen, ...) organisiert, die KollegInnen halfen mit – über Wunschzettel – die für sie wichtigen Fortbildungen anzugehen.

Durch die guten Kontakte zu den anderen LandesfachkoordinatorInnen bekamen wir doch einen „Blick über den Tellerrand", sahen unsere Fächer auch aus dem Blickwinkel der anderen Mitglieder dieser Gruppe, lernten mit der Schulaufsicht und dem Ministerium umzugehen, und für unsere Fächer das Bestmögliche zu erreichen.

Wir konnten sogar Kritik üben, wenn sie entsprechend „verpackt" war, und der/die Andere sie „aushalten" konnte.

Wir fanden viele gemeinsame, d. h. für mehrere Fächer brauchbare, Lösungen, sowohl bei den Fortbildungen, wie auch bei ganz konkreten Problemen. Die Schulaufsicht unterstützte uns dabei.

# Austauschjahre

Neben meinen „Karriereplänen" lief der Alltag schulisch (mindestens fünf Klassen Ober- und Unterstufe Italienisch – wir hatten so viele Anmeldungen für Italienisch, dass meine Lehrverpflichtung nur mehr in Italienischstunden bestand – Landesfachkoordination, Fachkoordinatorin für Italienisch an der Schule, Personalvertreterin, Mitglied im Schulentwicklungsteam, Mitglied im Schulgemeinschaftsausschuss) und privat (drei Kinder im Kindergarten- und Schulalter, Hund, Haushalt und Garten) weiter, mit all den tagtäglichen Anforderungen einer berufstätigen Mutter.

Gott sei Dank konnte ich mich auf meine liebe „Putzfreundin", die auch die Kinder vom Kindergarten oder von der Schule abholte und unseren Hund – aus der Arche Noah und nicht ganz einfach im Verhalten – versorgte, verlassen.

Natürlich war unser gesamter Tagesablauf „generalstabsmäßig" geplant – wenn aber nur eine Winzigkeit verändert wurde, ja, dann wurde es kompliziert und belastend für die ganze Familie. Diese Belastungen spürte ich natürlich auch auf meiner Seele. Zum Glück fuhr ich jeden Tag morgens kurz nach sieben Uhr mit dem Auto in die Schule und hatte fünfzehn bis zwanzig Minuten Stadtverkehr mit allen „Schikanen" zu bewältigen. Da ich allein im Auto saß, konnte ich den gesamten Frust durch Fluchen und Schimpfen loswerden. In der Schule angekommen, war ich wie geläutert, und viele KollegInnen fragten mich, wie es denn möglich wäre, in aller Herrgottsfrüh so zu strahlen.

Ein weiteres „Ventil" für meine Überbelastung waren die morgendlichen (ca. sechs Uhr früh und im Winter dunkel) und nachmittäglichen Spaziergänge mit unserem Hund.

(Meine Kinder und ich wollten einen Hund, mein Mann wollte keinen. Wir haben ihn mit Jolly aus dem Tierheim „überrascht" und eigentlich auch „überfahren".)

Ich konnte dabei die Probleme entweder durchdenken oder „zur Seite stellen". HundebesitzerInnen werden mich verstehen und die „therapeutische Wirkung" eines solchen Spazierganges kennen.

Da ich ein selbstkritischer Mensch bin, hinterfragte ich auch ständig meine Zugänge zu meinen SchülerInnen und machte mir Gedanken über das Wie und Was meines Unterrichts.

Durch die vielen Kontakte mit KollegInnen konnte ich schon sehr früh – in den Achtzigerjahren – einen Kontakt zu einer Schule in Lucca, Toskana, herstellen.

Ich hatte die Adresse von einer Kollegin bekommen, die dann nicht nach Lucca fahren konnte.

Ich schrieb also an das „Istituto Professionale di Stato" und konnte mit den dortigen LehrerInnen für Deutsch einen Kontakt herstellen.

Meine SchülerInnen und ich sollten eine Woche im Frühjahr nach Lucca kommen, die SchülerInnen würden bei Familien untergebracht sein, und der Gegenbesuch der „ItalienerInnen" sollte im Herbst darauf erfolgen.

Die italienischen KollegInnen erstellten ein Programm mit viel Schule und wenig Besichtigungsmöglichkeiten. Da ich aber meinen SchülerInnen Italien auch als Kulturland schmackhaft machen wollte, bestand ich auf der Möglichkeit, Florenz, Pisa und Siena als Ausflugsziele einzubauen.

Ich organisierte die An- und Rückreise mit einem Busunternehmen aus der Oststeiermark, mit dem ich die nächsten zwanzig Jahre meine „Italientouren" weiterführte. Der Chef des Unternehmens als Fahrer war wirklich ein Glücksgriff; er fuhr nicht nur angenehm, er konnte auch mit den SchülerInnen sehr gut umgehen. So war es kein Problem, den Bus für eine Woche in Lucca zu behalten, womit alle Ausflugsziele gut erreicht werden konnten.

Viel spannender war die „Verteilung" der SchülerInnen bei den entsprechenden Familien in und um Lucca. Die italienischen KollegInnen, die alle sehr gut Deutsch sprachen, mir gegenüber aber das Italienische natürlich vorzogen, ließen von ihren

SchülerInnen Steckbriefe verfassen, und ich machte dasselbe mit meinen KandidatInnen. Dann versuchten wir – die KollegInnen und ich – einigermaßen „günstige" Paarungen zu finden; das war die meiste Arbeit, wobei erst vor Ort klar wurde, ob unsere Zusammenstellungen richtig waren, oder nicht.

Gott sei Dank lagen wir – auch in den folgenden zwanzig (!!!) Jahren – meistens richtig. Es gab nur einen einzigen Fall, wo die Schülerin darauf bestand, von ihren Eltern in Lucca abgeholt zu werden, da sie sich bei der italienischen Familie „so fremd" fühlte.

Ebenso wurde mein Besichtigungsprogramm in der Toskana jedes Jahr wiederholt, wobei mir die KollegInnen in Lucca hilfreich zur Seite standen. Die Führungen, sowie die Hin- und Rückfahrten – wir behielten den Bus nicht länger in Italien, da das die Eltern zu viel gekostet hätte – organisierte ich selbst und machte auch die Führungen in den toskanischen Städten, soweit nicht jemand aus der lucchesischen Kollegenschaft aus diesen Städten gebürtig war. Für die SchülerInnen war das anstrengend – Kunstgeschichte und Architektur „angewandt" – aber sie genossen auch die damit verbundenen Freiheiten. Es gab für sie immer genug Zeit, auch ohne mich diese Städte zu erkunden und die Sprache auszuprobieren.

Manche dieser „ItalienfahrerInnen" haben mir später erzählt, dass ihre Verbindungen zu Lucca weiter bestanden, dass es weitere Besuche gab, dass sie gelernt hatten, zu „schauen".

Eine Gruppe hatte am Ende unseres Aufenthaltes ein Treffen in einer Pizzeria organisiert, wobei es zu folgendem „Vorfall" kam – sie erzählten mir alles am folgenden Tag:

Nach erfolgter Bestellung hatten zwei Schüler kein Besteck bekommen; also baten sie um „una bistecca, per favore!" Die Bedienung brachte nach einer gewissen Zeit ein Steak, „uns bistecca". Das wollten die Schüler nun nicht haben – und natürlich auch nicht bezahlen. Nachdem die anderen sie aber informiert hatten, was sie da gesagt hatten, mussten sie – nolens volens die Zeche begleichen. Nun hatten sie aber nicht mehr genug Geld – Ende des Italienaufenthaltes!!! – also mussten alle zusammenlegen.

Ich habe dann am nächsten Tag – nachdem ich mich von meinem Gelächter erholt hatte – „ausgeholfen".

Eine ähnlich lustige Episode passierte bei einem Besuch der Lucchesen in Graz.

Die italienischen KollegInnen hatten, wie es sich gehört, für unseren Herrn Direktor ein Geschenk mitgebracht und es ihm auch überreicht. Wir wollten nun zusammen zu der italienischen SchülerInnengruppe gehen, also fragte meine lucchesische Kollegin den Direktor: „Wollen Sie sich nicht erleichtern?", Bezug nehmend auf das eher gewichtige Geschenk in der „direktoralen" Hand. Ich konnte das Lachen kaum unterdrücken …

Zu den Städteführungen in Florenz, Pisa uns Siena muss ich sagen, dass ich selbst auch ungeheuer viel dazugelernt habe – wenn man so viele Jahre diese Städte besucht, findet man immer wieder Neues. Mir war immer wichtig, den SchülerInnen einen solchen Eindruck zu vermitteln, dass ihr Interesse geweckt war und die Erinnerungen unterscheidbar blieben. Viel dazu beigetragen haben die Möglichkeiten, in diesen Städten auf Türme zu klettern und die Stadt von oben zu betrachten.

Die Brunelleschi-Kuppel des Domes von Florenz, die Torre del Mangia von Siena, der Schiefe Turm von Pisa und die Torre Guinigi in Lucca waren besonders eindrucksvolle Beispiele.

Die anderen Kirchen und Museen versuchte ich, mit interessanten Geschichten und Begebenheiten für die SchülerInnen „merkbar" zu machen.

In Erinnerung ist mir ein Besuch der Uffizien in Florenz, wo die SchülerInnen von mir die Anweisung bekamen, sich nur auf die Frauenporträts zwischen dem zwölften und dem siebzehnten Jahrhundert zu konzentrieren, und die Unterschiede aufzuschreiben.

Es war toll, was alles „bemerkt" wurde.

Eine ähnliche Erfahrung machte ich, als ich mit SchülerInnen einige Tage in Mailand war. Im Palazzo Reale gab es eine große Modigliani-Ausstellung, die wir besuchen wollten. Es standen aber solche Massen am Ticket-Schalter, dass mir eine Beamtin vorschlug, die Führung selbst zu übernehmen, dann könnten wir hinein.

Gesagt, getan – ich bekam ein Mikrofon umgehängt, die SchülerInnen Kopfhörer, und los ging's. Das Problem war aber, dass auch ich nicht sooo viel über Modigliani wusste, ich hatte lediglich in Paris im Musee D'Orsay einige seiner Gemälde gesehen. Was also tun, und das schnell??? Die Idee kam, Gott sei Dank, gleich: Die SchülerInnen sollten beschreiben – abwechselnd – was sie auf den von mir – willkürlich – ausgewählten Leinwänden sahen. Das war eine meiner besten Führungen mit quasi hundert Prozent Aufmerksamkeit.

Klarerweise mussten die SchülerInnen, wenn wir nicht unterwegs waren, auch die Schule besuchen. Wir stellten Hospitationsstunden zusammen, hatten aber immer auch Zeit, die Eindrücke des vergangenen Tages, sowie Wünsche, Beschwerden, Probleme ... zu besprechen.

Die Eindrücke der SchülerInnen waren – für mich – sehr unterhaltsam und endeten nicht selten in einer Lobeshymne auf unser österreichisches Schulsystem, in dem man – wenn man wollte – doch Einiges mehr lernen konnte. Besonders im Sprachunterricht, fanden die SchülerInnen, wären wir in Österreich doch sehr viel effizienter.

Ähnlich äußerten sich die italienischen PartnerInnen, wenn sie bei uns im Gymnasium zu Besuch in einzelnen Unterrichtsstunden waren.

Ich möchte hinzufügen, dass sowohl in Lucca als auch in Graz einige aus dem KollegInnenkreis diese Hospitationsstunden nicht „gut" fanden und sie schlichtweg ablehnten. Wir mussten also – die KollegInnen in Lucca und ich in Graz – schon vorher die betroffenen LehrerInnen um ein „placet" bitten; meistens wurde es aber auch gewährt.

Die Besichtigungsprogramme in Österreich habe ich in Absprache mit den italienischen KollegInnen zusammengestellt, Busse organisiert, Gruppeneintritte angemeldet ...

Immer im Programm war eine Stadtführung in Graz, mit Besuch beim Bürgermeister im Rathaus – sehr beeindruckend für die SchülerInnen – ein Besuch der Riegersburg, ein Ausflug zu den Salzbergwerken im Salzkammergut und, wenn möglich, ein Ausflug nach Wien.

Die jeweiligen Familien – in Graz, wie in Lucca – kümmerten sich sehr um die „Gastkinder", und es gab wenige Probleme. Die Kosten wurden, wie im einen Land so auch im anderen, anteilig von den Gasteltern übernommen. Die Abrechnungen am Ende der Aufenthalte waren für mich aber jedes Mal eine ziemliche Belastung.

Einmal wünschten sich meine SchülerInnen einen Aufenthalt in einer „toskanischen Villa". Meine reizenden lucchesischen KollegInnen machten auch das möglich. Wir waren in zwei Villen untergebracht, allerdings in der weiteren Umgebung von Lucca – nach der Endhaltestelle des Busses (!!!) noch eine halbe Stunde zu Fuß … allein das Erreichen der Schule war schon eine Reise von 60 Minuten. Wir mussten uns selbst versorgen, also auch einkaufen und kochen. Es gelang alles, aber wir hatten einige Abenteuer zu bestehen.

Eines Nachmittags kam einer meiner Schüler zu mir, nahm mich an der Hand und flüsterte: „Bitte kommen Sie schnell!" Im Zimmer der Buben saß ein ausgewachsener Skorpion auf der Wand. – Es war Ende Oktober, wir dürften ihn aus seiner schon beginnenden Winterruhe erweckt haben. – Was tun? Ich nahm einen der (zugegeben riesigen) knöchelhohen Schuhe der Buben und „ermordete" das „Monster". Was mir erst später einfiel, war, dass Skorpione auch gerne in Schuhen Unterschlupf suchen!!! Wir haben dann sämtliche Schuhe im Haus untersucht.

Eines Morgens wollte ich meine Wäsche, die zum Trocknen im Badezimmer aufgehängt war, anziehen – und ließ alles sofort mit einem lauten Schrei fallen, in meiner Unterwäsche saß eine – ziemlich große – Eidechse.

So schön solche Gebäude sind, für einen SchülerInnenaustausch erfordern sie allerdings sehr viel Abenteuergeist.

In Österreich konnten wir das den italienischen PartnerInnen leider nicht bieten und mussten auf das Jugendgästehaus „ausweichen", was durchaus den Zweck erfüllte, aber nicht so abenteuerlich war.

Die nächsten Italienaufenthalte waren wieder mit der Unterbringung bei Familien gekoppelt.

Zweimal konnte ich diese Aufenthalte mit einem EU-Projekt kombinieren, was die Verrechnung noch komplizierter machte.

Das Thema des ersten EU-Projektes hieß „Jugend im Wandel: Erfahrungen und Sichtweisen von Jugendlichen in Lucca und in Graz", das zweite war ein sportliches Projekt zum Thema „Funktionsgymnastik für SchülerInnen: Praxis und Erklärungen in Deutsch und Italienisch".

Diese Projekte wurden finanziell von der EU unterstützt, hatten aber entsprechend viele Vorgaben. So waren Projektbeschreibungen, Kosten, SchülerInnenlisten, Ergebnisse und vieles mehr schon vorher einzureichen.

Am Ende des Projekts waren dann die Abrechnung und das schriftliche Ergebnis vorzulegen.

Das erste Projekt entsprach in etwa den vorherigen Ergebnissen der Sprachaustausche und enthielt die Beiträge von italienischen und österreichischen AustauschteilnehmerInnen in Form einer Broschüre.

Das zweite Projekt fand im Turnsaal statt, ich hatte eine Kollegin für Leibesübungen mit, und es erforderte ihr sportliches und mein sprachliches Können. Turnübungen in der Fremdsprache zu erklären, ist für die jeweils betroffenen SchülerInnen ziemlich schwierig.

Aber wir haben die Hürden überwunden, und es gab nur einen österreichischen Jungen, der von mir zum Tragen einer Turnhose und zum Mitmachen gebracht werden musste, mit der „schrecklichen" Drohung, andernfalls nach Hause fahren zu müssen.

Die „Hin- und Her-Erklärungen" schienen erfolgreich zu sein, da die Gruppen ihre Übungen „fast" einheitlich vorführten.

Am Ende gab es noch Turniere mit gemischten Mannschaften (Basketball, Volleyball, Fußball), die allen sehr großen Spaß machten.

Die letzten beiden Italienaufenthalte waren dann Intensivsprachwochen in der Nähe von Florenz, da sowohl in Graz als auch in Lucca nur ganz wenige Familien mehr bereit waren, GastschülerInnen aufzunehmen.

Diese Intensivsprachwochen waren gekoppelt mit Sprachkursen und der Unterbringung bei Familien. Man bot auch die Möglichkeit zu Ausflügen an, die wir nutzten, und praktisch dasselbe Städte-Programm wie die Jahre davor absolvieren konnten. Florenz hatte dabei aber Priorität, was mir persönlich sehr entgegenkam. Wir konnten so das Innere des Palazzo Vecchio, die Uffizien, die Brunelleschi-Kuppel (natürlich!!!) und vieles mehr besichtigen. Auch das Verhalten (Handeln) auf einem italienischen Markt konnten die SchülerInnen – ich natürlich auch – ausprobieren, was zu vielen lustigen Erlebnissen (= Missverständnissen) führte.

Insgesamt möchte ich betonen, dass diese Aufenthalte für Lernende einer Sprache ungeheuer wichtig sind. Viele SchülerInnen waren zum ersten Mal von zu Hause weg, sie mussten sich bewähren, und sie hatten die Unterstützung durch ihre KlassenkollegInnen und mich. Sie konnten ihre Sprachkenntnisse einsetzen und erkannten deren Bedeutung. Sie sahen, dass Vokabelkenntnisse zu etwas nütze sind und die Kommunikation erleichtern.

Wir verfassten Reisetagebücher und Berichte, sodass auch Architektur und Kunstgeschichte in Erinnerung blieben. Viele dieser TeilnehmerInnen haben mir später erzählt, dass sie erst durch diese Aufenthalte „schauen" gelernt haben.

# Herausforderung Sportklassen

Etwa in der Mitte meines Berufslebens kam auf meine KollegInnen und mich eine völlig neue Herausforderung zu. Unser Direktor hatte eine Idee: Er wollte Sport und gymnasiale Ausbildung verbinden und beschloss mit einigen Kollegen, die dem Sport sehr verbunden waren, eine neue Oberstufenform, einen „Fußballzweig", zu beginnen.

Nach vielen bürokratischen Hürden – das Ministerium musste zustimmen, ein Lehrplan für Sportkunde musste erstellt werden, die Verteilung der Trainings und der Unterrichtsstunden war zu fixieren, die Vereine mussten informiert werden – und einer eher skeptischen Einstellung der Kollegenschaft zu diesem Projekt kamen wir überein, den Versuch zu wagen.

Die erste Fußballklasse startete – und mit ihr die Probleme.

Die Klasse bestand aus lauter jungen Männern, fünfzehn Jahre alt und Mitglieder diverser Fußballvereine. Dementsprechend war der Ton rau, aber ehrlich und die Manieren „sportlich".

Einige Kolleginnen hatten größte Probleme, mit diesem undisziplinierten Haufen umzugehen, da die Schüler die freundliche „Masche" nicht wirklich annahmen.

Für mich hieß das volle Energie und Steuerung von der ersten Stunde an. Gott sei Dank war mein Mundwerk immer noch besser als das der Schüler, und ich konnte mich behaupten. Außerdem hatte ich ein Schularbeitenfach – Italienisch war als zweite lebende Fremdsprache neben Englisch vorgesehen – in dem man durchfallen konnte.

In anderen Fächern, wo der Druck nicht ganz so groß war, gab es gehörige disziplinäre Probleme. So erzählte eine Kollegin eines Tages, dass ein Schüler, der mit dem Unterricht nicht einverstanden war, sich auf einen Tisch stellte und die Hosen herunterließ. Die Kollegin war entrüstet, der Knabe wurde vom Klassenvorstand ermahnt, aber das hieß ja nicht, dass damit alle Schwierigkeiten gelöst waren. Die Klasse war sehr „verhaltensauffällig", wie man heute sagt, und probierte vieles aus. Andererseits konnte man ganz gut mit ihnen Klartext reden. Oft stellte sich heraus, dass diese Aktionen Versuche waren, die Grenzen auszuloten. Wenn nun jemand diese Grenzen nicht einforderte, war klar, dass die Truppe immer weiter ging.

Es gab unzählige Konferenzen deswegen, die Kollegenschaft war wegen der Disziplinlosigkeit dieser Klasse aufgebracht – und bei einigen Schülern mangelte es auch an entsprechender Leistung. Das bedeutete, dass die Klasse von Jahr zu Jahr kleiner wurde. Wir Lehrer waren darüber nicht böse, da manch einer dieser Rowdys die Schule verließ.

Aber es gab auch nette Erlebnisse. Einer meiner Schüler wurde während der siebenten Klasse in einen bekannten Wiener Verein berufen. Er bemühte sich, vor seinem Abgang diese Klasse positiv abzuschließen, was auch gelang. In der letzten Stunde nahm er mich um die Schultern und meinte: „Wenn ich wieder in Graz bin, gehen wir zwei essen; aber ich lade Sie ein, Frau Professor, ich verdiene sicher mehr als Sie."

Trotz aller Schwierigkeiten wurde im nächsten Schuljahr eine weitere Sportklasse eröffnet.

Diese zweite Sportklasse – wieder lauter Buben – bekam ich auch in Italienisch. Auch hier ging es ähnlich zu, wobei eine Gruppe aus der Obersteiermark mit Grazern im Klassenverband war.

Aufgrund meiner Erfahrungen mit der ersten Fußballtruppe – Druck, aber auch Verständnis, zu Leistungen anhalten, Verbindungen zum Sport sichtbar machen, Fairness betonen, aber auch selbst fair sein, Ziele vorstellen und den Weg dorthin klar machen ... – wurde ich bald zur Vertrauenslehrerin.

Da der Klassenvorstand leider einer Krebserkrankung zum Opfer fiel (innerhalb des ersten Jahres dieser Klasse), wurde ich als Klassenvorstand dieser Truppe berufen und mutierte zur Klassenmama. Die Lehrerschaft in dieser Klasse betrachtete mich ab sofort als „Klagemauer" und erzählte mir täglich von den

Schandtaten meiner Buben. („Du, deine Klasse macht keine Hausaufgaben; der XY ist rotzfrech; morgen haben die schon wieder ein Spiel und ich kann meinen Test nicht schreiben; der X und der Y kommen immer zu spät in die Stunde …)

Ich versuchte, mit Gesprächen, Maßregelungen (die Zuspätkommer mussten mit mir um 7.30 h Frühaufsicht im Gang machen), Unterstützungsunterricht für Deutsch, Mathematik, Englisch … in meinen Italienischstunden, gutem Zureden, Förderkursen, die meine KollegInnen anboten, usw. die Schüler weiterzubringen. In der Kollegenschaft suchte ich nach einvernehmlichen Lösungen, soll heißen: Nicht alles allzu ernst zu nehmen, die Frechheiten zu verzeihen, die große Ausrede der Schüler „Ich habe ja Training gehabt", manchmal doch anzunehmen, weitere Chancen bei verbockten Schularbeiten oder Prüfungen zu gewähren …

Manchmal mussten auch die Eltern „herhalten" und an Elternabenden mit Beschwerden über ihre Kinder fertig werden, beziehungsweise „Einfluss auf ihre Kinder ausüben".

Mit wenigen Ausnahmen konnten die Schüler in der achten Klasse zur Reifeprüfung antreten.

Davor wurde noch ein denkwürdiger Maturaball veranstaltet, bei dem ich den Oskar für besondere Leistungen von meinen Schülern überreicht bekam, sowie ein Fußballshirt mit „Mama 1". Ein Pokal und ein Winterfußball in der Farbe Orange rundeten diese Gabenrunde zu meinen Ehren ab.

Dann wurde es ernst, es folgten die Vorbereitungen zu den diversen Prüfungen, und die Ausreden bei Nichterscheinen nahmen drastisch ab. So waren ihre Ergebnisse recht ansehnlich und wir feierten den Abschluss gebührend in einem innerstädtischen Lokal. Dort nahm mich einer meiner bisherigen Schutzbefohlenen, jetzt für reif erklärten Schüler in dem Arm und bedankte sich wie folgt: „Danke, Frau Professor, für alles; wenn Sie uns nicht immer wieder in den A… getreten hätten, wären wir heute nicht hier."

Ich habe sie sehr vermisst, meine Fußballbuben, und ich habe mich sehr gefreut, sie, das heißt einige von ihnen, bei einem zehnjährigen Maturajubiläum zu treffen.

Das Projekt „Sportklassen" wurde natürlich weitergeführt, wobei aus den Fußballern BallspielerInnen wurden. Es kamen Mädchen in die Klassen, es ging um Fußball, aber auch um Tennis und Volleyball. Die SchülerInnen mussten aber aktiv in Vereinen spielen.

Problematisch dabei waren die Leistungen, die von den anderen „Nicht-Sportlern" als nicht gleichwertig gesehen wurden. Natürlich hatten die „Sportler" weniger Zeit zum Lernen, aber sie wollten auch eine Reifeprüfung ablegen. Dieser Spagat war für uns LehrerInnen dieser Klassen eine Riesenherausforderung. Es gab viele, viele Konferenzen dazu, die Skepsis mancher KollegInnen fand Bestätigung. Manche KollegeInnen weigerten sich, in Sportklassen zu unterrichten. Andererseits musste man auch den Willen zum Einsatz der SchülerInnen, manche lebten während der Woche im Schülerheim und hatten ihr Training am Nachmittag am „anderen Ende" von Graz, verbrachten also viel Zeit in Bus und Straßenbahn, wahrnehmen.

Manche Sportklassen ließen nach wie vor in ihrem Benehmen zu wünschen übrig, es fehlte der Einsatz, da mochte dann auch die Kollegenschaft nicht mitmachen. Da gab es dann doch einige unfreiwillige Abschlüsse der Schullaufbahn vor der Zeit.

Das erste Jahr für die SportlerInnen an der Schule, also die fünfte Klasse, funktionierte meistens recht gut. In der sechsten Klasse kannten sie den „Betrieb" und begannen, Freiheiten zu suchen und „Entschuldigungen" auszuprobieren. In der siebenten Klasse beschäftigte man sich mit dem Maturaball und in der achten Klasse gab es dann massives Arbeiten, da man die Reifeprüfung ja doch schaffen wollte.

# Betreuungslehrerin für das Unterrichts- und das Schulpraktikum: Geben und Nehmen

Einige Jahre nach meinem dritten Karenzjahr – mein Tagesablauf begann sich zu normalisieren, da unsere Kinder in die Schule, beziehungsweise in den Kindergarten gingen – wurde ich über die Direktion aufgefordert, jungen KollegInnen in ihrem ersten Dienstjahr, dem „Probejahr", als Betreuerin zur Seite zu stehen.

Das hieß, dass der junge Kollege, die junge Kollegin eine Klasse pro Fach übernehmen sollte, die er/sie dann selbstständig – mit Unterstützung des/der jeweiligen BetreuerIn – durch das Unterrichtsjahr führte, einschließlich der Beurteilung in diesem Fach.

Ich begann mit einer jungen Kollegin, die ich in einer – wie mir schien – einigermaßen freundlichen Oberstufenklasse – damals gab es Italienisch ab der fünften Klasse – einsetzte.

Ich hatte das mit dem Direktor so vereinbart.

Zuerst ging sie mit, um die Klasse kennenzulernen, doch nach circa zwei Wochen begann sie, selbst zu unterrichten. Die Stunden wurden vor und nach besprochen, Maßnahmen erörtert, der Lehrplan und die Unterrichtsgesetze „bemüht", die Eigenheiten der SchülerInnen erklärt, die Vorstellung der Kollegin im Konferenzzimmer „erledigt", der Gang der Dinge an dieser Schule ihr zur Kenntnis gebracht …

Andererseits erfuhr ich, was an der Universität wie unterrichtet wurde, welche „Tools" man den jungen LehramtsabsolventInnen mitgegeben hatte.

Das damalige Pädagogische Institut des Bundes, die heutige pädagogische Hochschule, bot zwar fachspezifische Seminare für die UnterrichtspraktikantInnen an, das Ergebnis derselben war aber so gut oder so schlecht wie der/die jeweilige SeminarleiterIn.

Für Italienisch fehlte jedenfalls das praktische „Handwerkszeug": Wie stelle ich eine Schularbeit zusammen? Was mache ich, wenn die Klasse etwas nicht verstanden hat? Wie überprüfe ich Vokabeln, den Leistungsstand, das Hintergrundwissen, das Thema der letzten Stunde? Wie oft überprüfe ich? Wie viel Lärm gestatte ich? Wie kann ich motivieren, zu lernen? Was muss der Schüler/die Schülerin am Ende des Unterrichtsjahres können? Wie kann ich schwache SchülerInnen fördern? Wann und wo muss ich Druck ansetzen? …

All diese Fragen und noch viele mehr mussten in vielen zusätzlichen Stunden beantwortet werden. Den Ausgleich schafften die für mich oft „anderen" Zugänge dieser „AnfängerInnen" zum Unterricht, der auch mir viel Neues bescherte, wie zum Beispiel Spiele für den Unterricht oder Videos beziehungsweise DVDs, mit den dazugehörigen Übungen.

War ich aus Krankheits- oder anderen Gründen nicht in der Schule, so gingen diese jungen KollegInnen für mich in die Klassen und übernahmen meine Stunden.

Sie sagten mir alle, dass sie sehr davon profitiert hätten, weil sie so in anderen Klassen – manchmal auf andere Art – unterrichten konnten. Die Zugänge zur Wissensvermittlung in der Schule hängen ja auch immer von der Zusammensetzung der Klasse ab; in einer ersten Klasse unterrichtet man Elfjährige (im Sprachunterricht heißt das: Vorreden, Dialog, Singen, Spielen, Zeichnen …), in einer siebenten Klasse geht es um ein Thema, zum Beispiel die Mafia und die Hintergründe, ausgehend von einer Dokumentation in der Fremdsprache, Texten, eigenen Erfahrungen, Vorträgen etc.

In einem Jahr hatte ich das Glück, gleichzeitig zwei UnterrichtspraktikantInnen zu bekommen, eine Dame und einen Herrn, der noch dazu ein ehemaliger Schüler von mir war.

Diese Zeit war ungeheuer spannend für uns alle drei, da jeder von uns oft unterschiedliche Ansätze im Unterricht befürwortete. Meine jungen Leute wollten ausprobieren, ob nicht Verständnis und Nachgiebigkeit in Verbindung mit Leistung eine gute Sache wären. Ich ließ sie dieses „Projekt" circa vier Wochen betreiben. Danach setzten wir uns zusammen, um das „Ergebnis" zu besprechen. „Sie machen keine Hausübungen", „sie hören mir gar nicht zu", „sie reden nur untereinander", „sie lernen nicht, was ich ihnen auftrage", „sie können sich nicht benehmen" ... „Wie machst denn du das???", waren ihre Aussagen.

Ich versuchte, ihnen zu erklären, dass SchülerInnen nur dann zu Leistungen im Unterricht bereit sind, wenn sie die Konsequenzen für „Nicht-Leistungen" kennen und wissen, dass diese Konsequenzen auch wahr gemacht werden. Natürlich muss das mit Maß und Ziel geschehen, manchmal drückt man auch ein Auge zu, oder beide, und zeigt Verständnis; aber grundsätzlich glaube ich, dass SchülerInnen diese Unterrichtszeit als Investition in ihre Zukunft verstehen lernen müssen. Denn wer im Unterricht dabei ist, braucht keine Nachhilfe.

Mir haben SchülerInnen erzählt: „Warum soll ich aufpassen und mitarbeiten? Ich bekomme ja eh Nachhilfe!!" Das führt das Schulsystem des Erarbeitens und Beurteilens ad absurdum.

Heute kann man als LehrerIn Konsequenzen im Unterricht über Schüler-Lehrerverträge schriftlich festlegen und Schüler und Eltern unterschreiben lassen.

Meine jungen Kollegen und ich haben diese Konsequenzen eben mündlich an die Klassen herangetragen und ihnen gezeigt, wie viele Vorteile die SchülerInnen davon haben könnten. Natürlich kann man da nicht alle Klassenmitglieder erreichen, aber die meisten schon. Für gute Leistungen gab und gibt es auch Belohnungen, wie zum Beispiel Kino-, Opern-, Ausstellungs-, Schauspielhausbesuche ... Für manche meiner SchülerInnen war auch die Aussicht auf einen Schüleraustausch mit Italien ein Anreiz, mehr zu lernen.

Die Ergebnisse am Ende des Schuljahres zeigten, dass wir damit Erfolg hatten.

Für mich aber bedeuteten diese vielen Diskussionen mit den beiden „JunglehrerInnen", die ja auch meine Art zu unterrichten kritisch betrachteten, meine eigenen Zugänge zum Unterricht zu beleuchten, Änderungen anzudenken, sie mit den FachkollegInnen zu besprechen und dann durchzuführen.

Nicht immer ist das eigene Konzept fehlerlos; Selbstkritik hilft hier dem Lehrer genauso wie dem Schüler, wenn er dazu fähig ist.

Ich meine damit, dass man „über den Tellerrand blicken sollte". Dieser Blick ist möglich über Fortbildungen, wo man mit FachkollegInnen Zugänge, Probleme ... erörtern kann, über entsprechende Literatur, über neue Wissenschaften wie das NLP, über Mentales Training, oder – ganz trivial – über Gespräche mit Freunden oder mit den eigenen noch schulpflichtigen Kindern, die einem ziemlich klar vor Augen führen, was SchülerInnen so denken.

Große Herausforderungen für meine jungen KollegInnen waren der erste Elternsprechtag mit der dafür notwendigen Beurteilung der SchülerInnen, der Umgang mit Eltern, nicht nur einzeln in der Sprechstunde, sondern am laufenden Band, die Notenkonferenz, das Semesterzeugnis, Aktivitäten außerhalb der Schule (Italien-Austausch, Kino, Oper, Ausstellungen, Wandertage ...), der Umgang mit KollegInnen, der Direktion, dem Schulpersonal.

Eine Jung-Kollegin begleitete mich auf einer Studienreise mit einer siebenten Klasse nach Mailand, obwohl sie zu diesem Zeitpunkt hoch schwanger war; sie wollte unbedingt eine solche Erfahrung mitmachen. Eine andere fuhr mit mir auf Austausch nach Lucca, eine dritte nahm an einer Intensivsprachwoche in Florenz teil.

Ich war darüber sehr froh. Man konnte Programme, Schülerangelegenheiten, Probleme ... mit jemandem besprechen, der zwar jünger war, aber doch verstand, worum es ging, der auch eigene Ideen zum Gelingen des Projektes einbrachte und mir Feedback gab.

Wichtig für „meine" jungen Leute erschien mir auch das Hospitieren bei anderen Fach-KollegInnen, sodass sie andere Vorgehensweisen kennenlernen konnten. Manche nahmen sie an, manche verwarfen sie, so wie sie das auch bei mir taten.

Am Ende dieses gemeinsamen Jahres steht dann das Verfassen eines Portfolios zum Schuljahr pro Fach durch den Unterrichtspraktikanten/die Unterrichtspraktikantin, dessen Beurteilung sowie die Beurteilung des jungen Kollegen/der jungen Kollegin im Unterricht durch den Betreuungslehrer/die Betreuungslehrerin an, wobei sich die KollegInnen beider Fächer einig sein müssen, wie sie beurteilen werden.

Eine junge Kollegin sagte mir am Ende ihres Unterrichtspraktikums, dass sie sehr froh gewesen sei, „an meiner Hand" die ersten Gehversuche gemacht haben zu können. Das bedeutete mir viel, da ich sehen konnte, dass die Saat aufgegangen war und diese jungen, zukünftigen LehrerInnen ihren beruflichen Weg gut vorbereitet gehen würden.

Ganz anders war und ist die Situation der SchulpraktikantInnen, die ihre Unterrichtsbesuche während des Studiums als vorgeschriebenes Praktikum absolvieren müssen.

Diese jungen Leute hospitieren einige Stunden, um dann selbst Stunden vor der Klasse zu halten.

Das dauert natürlich „nur" einige Wochen, die Vor- und Nachbereitung der Unterrichtsstunden ist aber weitaus intensiver, da noch nicht so viel Grundstock an Wissen im Fach für die Schule zur Verfügung steht. Man zerlegt also Unterrichtsstunden für sie, bespricht sie im Detail, sie stellen Fragen und können dann direkt den Unterricht für eine Stunde oder mehrere fortsetzen. Sehr wichtig dabei ist nicht nur meine Beobachtung des Studenten/der Studentin während der Stunde, sondern das, was die StudentInnen selbst dabei erleben, wie sie sich selbst als LehrerInnen sehen, wie sie mit Aufregung umgehen und mit den immer anderen Geschehnissen in den Klassen.

Der Umgang mit den anderen Abläufen in der Schule, wie Direktion und Administration, ist für die jungen Leute genauso neu, wie das Führen des Klassenbuchs oder die Korrektur einer Hausübung.

Am Ende des Praktikums erfolgt eine verbale Beurteilung durch den Betreuungslehrer/die Betreuungslehrerin.

In meinem Fall versuchten wir – der Student/die Studentin und ich – gemeinsam diesen „Kosmos Schule" zu erkunden und zu verstehen. Einige von ihnen sind inzwischen schon längst „in Amt und Würden".

# Bewerbungen für eine LeiterInnenstelle

Im Millenniumsjahr 2000 sollten an zwei Grazer Gymnasien die DirektorInnenstellen neu besetzt werden.

Ich hatte davon gehört und beschlossen – trotz aller Hinweise, dass die Vergabe der Stellen nicht unbedingt etwas mit Leistung zu tun hätte – mich zu bewerben.

Die erste Schule, für die ich mich interessierte, begann mit einer Selbstpräsentation vor ElternvertreterInnen sowie vor SchülerInnen und LehrerInnenvertretern. Im Anschluss wurden dann konkrete Fragen an uns, die KandidatInnen, gestellt. Das war ganz schön stressig, weil die Fragen ja Schule und Privatleben jetzt und vorher betrafen, Schulgesetze und Visionen, Organisationsvorstellungen und Problemlösungen. Die Schulaufsicht veranstaltete für diese LeiterInnenstelle ein Assessment – eine Art Überprüfung vor JurorInnen (Lehrer, Psychologen, Gewerkschaftsvertreter, Direktoren, Vertreter der Schulaufsicht ...).

Wir waren zehn KandidatInnen und gaben unser Bestes in Sachen Selbstpräsentation, Rollenspiele, Ideen und Vorhaben für diese Schule, etc.

Wir hielten unser Abschneiden alle zehn für recht passabel und waren gespannt auf die „Urteile" der JurorInnen.

Als das Ergebnis bekannt gemacht wurde – ich war im „guten Mittelfeld" gelandet – konnten wir die Gründe für diese Reihung nicht ganz „nachvollziehen". Man konnte aber bei einem der JurorInnen nachfragen.

Ich weiß nicht, wer von den anderen das auch gemacht hat, ich jedenfalls habe es gemacht und bekam folgende Antwort:

„Sie sind bei Ihrer Selbstpräsentation einen Meter vom Publikum zurückgetreten, das zeigt Unsicherheit." (Dass ich niemanden anspucken wollte, war nicht „Thema" und wurde nicht als Grund anerkannt!)

„Sie haben viel zu lang über Ihre Familie, Ihre Eltern erzählt, das interessiert niemanden." (Ich dachte, man wollte wissen, woher ich komme!)
„Sie haben im Rollenspiel „Klassenkonferenz" nicht die Führungsrolle übernommen." („Können vor Lachen", wenn sich vier Männer schon darum balgen!) Im Rollenspiel Direktorin (=ich) und Elternteil waren Sie zu kompromissbereit. (Ich war und bin der Meinung, dass nur gemeinsame Lösungen, d. h. Eltern und Schule, zum Wohle der SchülerInnen möglich sind!)
„Haben Sie vergessen, dass Sie eine Frau sind und gegen die Männer keine Chance haben?"
(In welchem Jahrhundert leben wir eigentlich?)
„Wer hat Sie bei Ihrer Bewerbung unterstützt?" (Ich dachte, es käme auf mich und meine Leistungen an!) Auf meine Antwort „Niemand" erfolgte ein „Ja, dann ..."
Resultat war, dass einer der Männer die Stelle bekam, und keiner so wirklich wusste, warum.

Bei der zweiten Bewerbung ein halbes Jahr später waren die Abläufe ähnlich, nur – so wurde mir allerdings erst nachher gesagt – hätte der „Gewinner" schon vorher – mehr als minder, nämlich aus politischen Gründen – festgestanden.

Ich hatte eine kleine „Persönlichkeitskrise"; ich fragte mich, was denn nun wirklich gegen mich als Direktorin gesprochen hatte. Die fadenscheinigen Gründe – siehe oben – konnten es ja nicht wirklich gewesen sein.

Gott sei Dank hat mir dann eine liebe Kollegin aus meiner Schule, die ich wegen ihrer Intelligenz und ihres unkonventionellen Denkens sehr schätze, geholfen, „die Kirche im Dorf zu lassen" und mich nicht für minderwertig zu halten.

Vermisst habe ich bei dieser „Angelegenheit" auch die Unterstützung durch die anderen Gremien, Gewerkschaft, Fachausschuss etc.

Auf meine Rückfrage, „warum nicht", bekam ich die Antwort, „im falschen Jahrhundert geboren worden zu sein", was immer das heißen sollte.

Mir war aber klar geworden, dass eine solche „Karriere" für Frauen ohne politischen Druck nicht möglich war.

Ich versuchte, das Thema Schulleitung „abzuhaken", und verwendete meine Energien auf meine anderen Aufgaben, von denen es ja nicht wenige gab.

Die Funktionen als Fachkoordinatorin an der Schule für Italienisch, als Landesfachkoordinatorin, als Personalvertreterin, als Lehrervertreterin im Schulgemeinschaftsausschuss, als Mitglied im Schulentwicklungsteam und – zu Hause – als Mama, Nachhilfelehrerin, Hundedompteuse, Reinigungskraft und Gärtnerin, liefen ja weiter.

# Provisorische Leiterin der Schule

In den letzten Jahren meiner Unterrichtstätigkeit sollte das Leiten einer Schule doch noch „zum Thema werden". Mein Direktor und jemand aus der Personalvertretung, der ich nun nicht mehr angehörte, baten mich eindringlich, die provisorische Leitung der Schule zu übernehmen, da der Direktor „den Krieg" mit dem Administrator nicht weiterführen wollte und konnte. Er hatte sich verschiedentlich bemüht, das Kriegsbeil (= unterschiedliche Auffassungen von Entscheidungen) zu begraben, scheiterte aber an der unverrückbaren Haltung des Administrators.

Die Schule war mir immer sehr wichtig gewesen und ich wollte mich der Herausforderung stellen. Also ging ich als Erstes zum Administrator: „Was hältst du davon, wenn ich die Leitung der Schule übernehme? Wärest du damit einverstanden?" Die Antwort lautete lapidar: „Ich mache meine Arbeit." Das hatte ich auch vor, gab ihm die Hand und dachte, dass es das wäre. Weit gefehlt!

Ich versuchte herauszufinden, was denn wann überhaupt zu machen sei. Der Administrator dazu: „Das musst du schon selbst wissen." Und in dieser Tonart verlief das ganze Schuljahr. Mir wurde keine Hilfe zuteil, es gab darüber hinaus nur harte Worte und wenig bis keine Unterstützung.

Gott sei Dank gibt es Freunde; ein solcher – inzwischen auch Direktor eines Gymnasiums – gab mir einige Tipps. Auch das Sekretariat der Schule half kompetent und schnell.

Dann nahte die Direktoren-Tagung; ich als Neuling verhielt mich zurückhaltend, beobachtete und fragte. Mir wurde bewusst, dass ich außer der fehlenden Erfahrung keine „größeren Mängel" gegenüber den anderen an mir feststellen konnte.

Wieder in der Schule, versuchte ich, nach dem Plan, den ich mir gemacht hatte, zu arbeiten.

ABER es kam anders. Viele tausend „Amtshandlungen" wie SchülerInnen-Statistiken, Beschwerden von Eltern, von KollegInnen, die Organisation des Elternsprechtages, die Erhebung der Prüfungsfächer für die Reifeprüfung, die Anmeldungen für die Wahlpflichtfächer in der Oberstufe, der „Tag der offenen Tür", der Maturaball, bauliche Veränderungen, ein neuer Schulwart, Krankenstände und sich daraus ergebende Suppliernotwendigkeiten ... nicht zu vergessen, meine mir verbliebene, nicht ganz einfache achte Klasse in Italienisch, eine Sprachassistentin, Schularbeiten und deren Korrektur, die Reifeprüfungsaufgabenstellungen ...

Dank der Mithilfe der Personalvertretung und des Sekretariats konnte doch das meiste zeitgerecht erledigt werden.

Wunderschön fand ich die Möglichkeit, den Maturaball eröffnen zu dürfen, und genoss die Ballnacht, die ja immer auch von vielen ehemaligen SchülerInnen besucht wird.

Nach dem „Tag der offenen Tür" nahte meine erste Konferenz; ich war ganz schön aufgeregt, konnte aber dann ohne „gröbere Hindernisse" dieselbe ganz gut zu Ende bringen.

Es folgte ein Nebentermin der Reifeprüfung des vorhergegangenen Schuljahres, die Anmeldungen für die nächsten ersten Klassen, ein Schulsportfest, die Abgabe der Themen für die Reifeprüfung in diesem Schuljahr, Testungen für die Standards in Englisch und in Deutsch, später auch in Mathematik ...

Gleichzeitig damit lief ein Projekt der Schulgemeinschaft, in dem es um Verhaltensvereinbarungen zwischen den SchulpartnerInnen ging. Wir bekamen dafür in Wien einen Preis überreicht, den „Fairness Award 2009". Diese Vereinbarungen wurden in einem Festakt mit den Schulpartnern und der Schulaufsicht ratifiziert.

In dieser Zeit hatte sich schon angekündigt, dass eine unserer Kolleginnen sehr schwer an Krebs erkrankt war. Trotz großer Tapferkeit und dem Beistand ihrer Familie hat sie den Kampf verloren. Ich habe bei ihrer Verabschiedung versucht, für die Schule unser aller Trauer auszudrücken, dieser Abschied fiel mir sehr schwer.

Es folgte der Haupttermin der Reifeprüfung mit allen „Auflagen", soll heißen: Überprüfung der Klausurthemen, der von den

KandidatInnen gewählten Prüfungsfächer, Liste der dafür notwendigen Räume mit der entsprechenden technischen Ausrüstung, die Aufsicht führenden KollegInnen, Konferenztermine ... Es gab natürlich weitere Schwierigkeiten mit dem Administrator, aber – Gott sei Dank – einen sehr kompetenten und ausgleichenden Vorsitzenden, der mir immer wieder zu Hilfe kam. Es folgten Projektwochen, Exkursionen, Theateraufführungen in der Schule, Konzerte, Schulsprecherwahlen ...

Gleichzeitig musste ein neuer Direktor, eine neue Direktorin für die Schule gefunden werden. Dazu mussten wir ein Hearing der KandidatInnen organisieren, das auch die Schulpartner und ihre Meinung dazu erforderlich machte.

Der Kandidat wurde „gekürt" und wir versanken wieder „im Strudel" der Reifeprüfung, die unendlich viele Anforderungen an alle Beteiligten stellt.

Sehr schön – ein Ausgleich für alle zur Monsterarbeit vorher – war die Überreichung der Reifeprüfungszeugnisse in einem Festakt. Dabei kommen die Klassenvorstände, die Direktion, der/die Vorsitzende, die MaturantInnen zu Wort, es gibt Musik und später ein Buffet; ein fröhlicher Abschluss für alle Beteiligten.

Einen „anderen Bezug zur Reifeprüfung stellte das 60-jährige Maturatreffen des Jahrganges 1949 für mich dar, das ist das Jahr, in dem ich geboren wurde.

Eine Gruppe von 15 honorigen Herren traf in der Schule ein, um sich von mir die „Neuerungen" seit ihrer Reifeprüfung zeigen zu lassen. Wir „erwanderten" dieses altehrwürdige Gebäude mit modernen, später angefügten Räumlichkeiten und zu den Anekdoten der damaligen Zeit kamen die aus „meiner" Zeit hinzu; wir besuchten auch einzelne Klassen, was SchülerInnen wie „Ehemaligen" sehr viel Spaß machte.

Nebenbei neigte sich dieses, „mein", Direktionsjahr dem Ende zu.

Die SchülerInnen für die neuen ersten Klassen erschienen mit ihren Eltern, um sich die Schule anzusehen, die Kollegenschaft schrieb die letzten Schularbeiten und Tests, die Prüfungen auf „Sein oder Nicht-Sein" wurden fixiert, die Eltern kamen, um gegen Noten Einspruch zu erheben, die KollegInnen verteidigten und begründeten ihre Noten.

Beurteilungskonferenzen, Wandertage, Exkursionen, ein Schulschlussfest, die Schlusskonferenz und schließlich die Zeugnisverteilung gingen aber schon Hand in Hand mit den notwendigen Organisationen für das nächste Schuljahr.

Ich habe mich sehr bemüht, die Schule „in gutem Zustand" weitergeben zu können. Ich habe in diesem Jahr so viel erlebt – manche DirektorInnen haben dafür wahrscheinlich mehrere Jahre zur Verfügung – Schönes, Trauriges, Bedrückendes, Aufmunterndes … am meisten hat mich dabei die Möglichkeit, Dinge zu ändern und zu verbessern, angesprochen. Die Menschen in meinem beruflichen Umfeld konnte ich von einer ganz anderen Seite kennenlernen, die Arbeit mit den Schulpartnern – KollegInnen, SchülerInnen, Eltern, Schulangestellte, Schulaufsicht – machte mir große Freude, ein positives Fazit also, das ich vielen DirektorInnen nur wünschen kann.

Danach hatte ich überhaupt keine Probleme, wieder in die Reihe der KollegInnen zurückzukehren. Ich wurde dann zwar noch öfter als Ratgeberin gebraucht – verständlicherweise – die Entscheidungen traf aber nun die neue Direktion.

# Zielgerade

Mein letztes Dienstjahr – ich hatte mich für eine Form der Pension entschieden, wo man mit dem 62. Geburtstag seine berufliche Laufbahn beenden konnte – verging wie alle anderen Dienstjahre auch: volles Engagement bis zum Schluss.
Die üblichen Aufgaben einer Professorin mit 3., 4., 5., 6., 7. und 8. Klasse verlangte und verlangt auch heute vollen Einsatz. Niemand sollte das Gefühl haben, meine Energien seien – weil letztes Dienstjahr – irgendwie „schaumgebremst".
Das Unterrichten – auch nach 38 Jahren – stellte immer noch gewisse Herausforderungen an mich. Jede Klasse, jeder Schüler, jede Schülerin hat ganz individuelle Begabungen und Schwächen; all diese Talente zu entdecken, zu unterstützen und die Schwierigkeiten zu minimieren, war und ist jedes Jahr spannend.

Mit einer dritten Klasse Italienisch zu lernen, bedeutet, die wache und aktive Intelligenz dieser Kinder für den Sprachunterricht zu gewinnen, ihr Interesse zu wecken, ihre Vorstellungen und Bilder (Urlaube, Filme, Erzählungen anderer ...) für sprachliche Zwecke einzusetzen. Italienisch ist ja eine sehr klangvolle, gestenreiche und bildhafte Sprache, die Kindern grundsätzlich – laut meiner Erfahrung – sehr gefällt. Das sogenannte „dicke Ende" dabei sind die Aufgaben, das Vokabellernen, die Schularbeiten.

Die Aufgaben gehen als nötige Übungen meistens „durch", Vokabel und Schularbeiten musste ich aber auch irgendwie „verkaufen". Dass man ohne Wörter nicht kommunizieren kann, verstanden die Kinder schon; dass man diese Wörter aber so gut lernen musste, dass man sie bei einer Überprüfung auswendig sagen und schreiben können sollte, war nicht allen gleich klar. Da die Kinder aber von der ersten lebenden Fremdsprache, die sie lernten, schon wussten, was passiert, wenn man das Lernen

„uncool" findet, konnten die meisten dieses erste Italienisch-Jahr positiv abschließen.

Die vierte Klasse erfordert am Beginn immer einen „Wissens-Check", soll heißen, was hatten sie sich vom vorhergehenden Jahr gemerkt, was wurde vergessen, was nicht verstanden, was wurde nicht durchgemacht. Bekam ich die Klasse nach einer anderen Kollegin, waren sich die SchülerInnen immer sehr einig, dass fast nichts vom Grundstoff der vorigen Klasse im Gedächtnis geblieben war. Das hieß für mich, Schnelldurchgang durch den Stoff der vorigen Klasse mit Übungen und Überprüfung – zeitaufwendig, aber für alle Beteiligten wichtig: Ich wusste, was die SchülerInnen können mussten, und die SchülerInnen wussten, was ich von ihnen erwartete –. Hatte ich die Klasse selbst unterrichtet, konnte ich mich aufs Wiederholen beschränken. Auch hier folgte die eine oder andere Überprüfung, sodass alle Beteiligten über den Wissensstand des anderen im Bilde waren.

Manchmal gab es auch neue Klassenmitglieder, die das eine oder andere nachlernen mussten. Bei deren Wissensüberprüfung konnten sich die anderen Klassenmitglieder auch beteiligen, was zu zusätzlichen Pluspunkten bei ihren Leistungen führte.

In den Oberstufenklassen konnte ich natürlich in Richtung Sprachaufenthalt das Interesse und den Leistungswillen steigern.

Auch in meinem letzten Dienstjahr fuhr ich mit einer jungen Kollegin und meiner sechsten Klasse in die Toskana. Die SchülerInnen waren bei italienischen Familien untergebracht, hatten jeden Tag Unterricht von native speakers und wurden nachmittags mit Bus und Bahn unter meiner Führung nach Florenz, nach Pisa, nach Arezzo und nach Siena gebracht, wo wir die Schönheiten dieser Städte zu entdecken suchten.

Wir erlebten eine Demo gegen die Regierung in Florenz, fuhren über Nebenstraßen und unzählige Kurven – der Busfahrer telefonierte ständig dabei, oder schrieb SMS – nach Siena, „belebten" eine stillstehende Rolltreppe – die SchülerInnen stellten sich verteilt darauf und wurden von anderen Touristen unzählige Male fotografiert und gefilmt – bestiegen die Kuppel des Domes von Florenz, sahen die Kostbarkeiten des Palazzo Vecchio aus der Nähe ... und viele tolle Eindrücke mehr.

Die siebenten und achten Klassen, die sich ja schon etwas „nach außen" orientieren und ihre Zukunft vor Augen haben, sollten einen kräftigen „Input" in diese – berufliche – Richtung bekommen.

Über Vermittlung meines Mannes, er war zu der Zeit Vizerektor für Lehre und Forschung und somit in der Position, die „richtigen" Leute zu kennen, konnten wir an der Schule wichtige Vertreter der Grazer Universitäten und Fachhochschulen begrüßen.

Diesem Treffen gingen mehrere Gespräche, ja, Diskussionen bei uns zu Hause voraus, bei denen ich von der Reifeprüfung und mein Mann von seinen Erfahrungen mit AHS-AbsolventInnen berichteten. Dabei zeigte sich eine große Diskrepanz zwischen den Erwartungen an KandidatInnen aus meiner Sicht als Prüferin und den Erwartungen des Universitätsprofessors an seine künftigen Studenten.

Es entstand also die Idee, den SchülerInnen einen Eindruck davon zu vermitteln, was sie auf den Universitäten und Fachhochschulen wirklich erwartet. Wir kamen überein, eine Veranstaltung zu diesem Thema an „meiner" Schule zu organisieren.

Die Veranstaltung mit nachfolgender Diskussion war – so glaube ich – für alle Beteiligten informativ und sinnvoll.

Mentoring-Programme für SchülerInnen folgten zumindest an der Technischen Universität; leider haben weder die Schule noch die „Landesautoritäten" diesen Ansatz nicht aufgegriffen und weiterverfolgt.

Selbstverständlich gab es in diesem – für mich letzten – Schuljahr auch wieder KandidatInnen für die Reifeprüfung in der 2. lebenden Fremdsprache. Die „Truppe" kam aus dem „sportlichen Umfeld" und hat sich tapfer schriftlich und mündlich über Sport, Mafia, Tourismus und andere Themen mit mir „ausgetauscht".

Das Schuljahr endete wie immer mit Konferenz und Zeugnisverteilung, aber mit der Aussicht auf „ganz lange" Sommerferien.

Der Abschied vom Berufsleben ist mir – was die „handelnden Personen" betrifft – schwergefallen. Nicht vermisst habe ich die

Zwänge des Berufslebens, das frühe Aufstehen, das ständige unter Druck arbeiten, den übervollen Terminkalender, das ständige „Drängen" von Ereignissen und den Leistungsdruck.

Es gibt im Leben für alles eine Zeit, und ich glaube, dass die Zeit für den Beruf nach fast 40 Jahren „Einsatz" von mir mehr als ausreichend genützt wurde.

Ich habe jetzt ein „zweites" Leben begonnen, das völlig andere Prioritäten hat, Prioritäten aber, die selbstbestimmt sind und nicht mehr fremdbestimmt.

Ich genieße jede Minute davon und bin dankbar dafür.

# Zukunftsvisionen

In Zeiten von Zentralmatura und neuem Lehrerdienstrecht sind Visionen in Richtung Schule erst recht angebracht, da man bei den sogenannten Experten zu diesen Themen nicht immer den Eindruck hat, sie wüssten, wovon sie sprechen.

Experten sind wohl eher Leute, die das System kennen und leben, LehrerInnen also, die experimentiert haben und die auch in Zukunft experimentieren wollen, wobei sie weder die Erfahrungswerte noch die Ideen für die Zukunft außer Acht lassen. Diese Menschen wären für Schulfragen zuständig und könnten fundierte Grundlagen zu Entscheidungen liefern. Doch dafür müsste man sie in solche Prozesse einbinden.

Am Schreibtisch sind nur ganz selten wirklich gute Entwürfe für so komplexe Systeme entstanden.

Wie können nun gut ausgebildete, hoch motivierte LehrerInnen an ihrem Arbeitsplatz, das heißt, in der Klasse, die ihnen anvertrauten, äußerst unterschiedlich „gepolten" Jugendlichen zum Erfolg führen?

Sowohl jüngere als auch ältere VertreterInnen dieses so wichtigen Berufes – die Schulausbildung ist die Basis für den beruflichen Erfolg des Einzelnen, aber auch für die Ergebnisse von Forschung und Lehre, und somit auch für die Weiterentwicklung der Gesellschaft wissen bald, dass ihre Bemühungen nur dann von Erfolg gekrönt sind, wenn die zu Unterrichtenden bereit sind, Wissen anzunehmen.

Hier spielt das familiäre Umfeld der jungen Leute eine entscheidende Rolle.

Wird dem Wissen – auch als Baustein für die Zukunft – Bedeutung gegeben, wird der Schüler, die Schülerin eher bereit sein, sich dafür zu interessieren und das dazugehörige Lernen „auf sich nehmen", weil er/sie für sich die daraus resultierenden Vorteile erkennen kann.

Wenn Schule aber nur als Beobachtungs- und Betreuungseinrichtung gesehen wird, ist die Vermittlung von Kenntnissen und die für ihren Erwerb nötige Lernarbeit schlecht vermittelbar.

Zu Beginn einer Lehrerkarriere in meiner Generation glaubte man, dass Disziplin das richtige Mittel wäre, um SchülerInnen zu Leistung zu bringen.

Ich glaubte das auch, mir wurde das auch während meines Probejahres so gezeigt, und so probierte ich diese Art zu unterrichten in meinen Anfangsjahren als Lehrerin aus.

Bald merkte ich jedoch, dass die Disziplin allein nicht ausreichte, sondern dass Verständnis für die SchülerInnen und Motivation zum Lernen der eigentliche Anker für Schülerleistungen waren.

Diverse Fehlverhalten von SchülerInnen – zu spät kommen, freche und oft herabwürdigende Aussagen, nicht erbrachte Leistungen, Lügen, Rempler etc. – waren nur dann in den Griff zu bekommen, wenn SchülerInnen ihr Fehlverhalten, beziehungsweise auch deren Eltern das Fehlverhalten ihres Kindes, einsahen, wobei ich meine Beweggründe und Gefühle sehr deutlich machte, aber auch die Beweggründe der anderen Seite erkennen und verstehen konnte.

In Zeiten berufstätiger Eltern, die immer weniger Einfluss auf ihre Kinder nehmen können, ist die Erziehung zum wertschätzenden Verhalten anderen gegenüber oft auch in die Pflichten der Schulen übergegangen, ebenso wie das Erlernen von Konfliktstrategien oder die Möglichkeit der Selbstreflexion. Letztere wäre auch für viele Erwachsene eine durchaus lohnende Aufgabe, um ihrem Leben einen positiven „Kick" zu geben.

Die Anleitung für Erfolge bei Prüfungen sollte ebenso Teil des Unterrichts sein, da viele Jugendliche – später auch Studierende – damit Probleme haben.

Wie bereite ich eine Schularbeit, eine Prüfung so vor, dass ich Erfolg habe? Das ist eine Frage, die ich mit allen meinen SchülerInnen diskutiert habe, da ich merkte, dass viele von ihnen dabei richtig „verloren" erschienen. Einteilung von Lernstoff in Portionen, richtige zeitliche Einteilung, Wiederholung schon gelernter Abschnitte, eigene ständige Überprüfung, Wahrnehmung von Wissenslücken und deren Auffüllung – mit Hilfe des Lehrers, der Lehrerin – Nutzung von Computer und CD, Diskussion des Lehrstoffes mit MitschülerInnen, Klären offener Fragen mit dem/der Unterrichtenden und so weiter ... all das sollte auch Teil des Unterrichts sein.

Die Frage „Wie bereite ich einen Text, ein Referat etc. vor?" muss auch durch den /die Unterrichtende/n beantwortet werden, er/sie muss also die Anleitung zum Selbsterarbeiten und Präsentieren von Informationen vorgeben. Heute, in Zeiten von Google und Facebook, erscheint mir diese Anleitung durch die Lehrenden noch viel wichtiger, da diese Fülle und Grenzenlosigkeit von Informationen natürlich dazu verleitet, möglichst alles einfach zu kopieren und auszudrucken.

Besonders in den Fremdsprachen wurden mir Referate, Texte etc. vorgelegt, in lupenreiner Sprache, ohne Fehler, aber mit Sprachkonstruktionen, die ich nie im Unterricht gebracht habe.

Wenn ich dann, misstrauisch geworden, Zwischenfragen stellte, fiel das Ganze zusammen wie ein Kartenhaus.

Ergo muss man den jungen Leuten zeigen, wie das Internet eingesetzt werden könnte, nämlich als Informationsquelle, aber sprachlich verarbeitet mit den Kenntnissen des/der Lernenden.

Diese Kunst, den Schüler/die Schülerin dazu zu bringen, den gegoogelten Inhalt mit eigenen Worten wiederzugeben, macht sich bezahlt, da auch die MitschülerInnen sehen, dass es besser ist, ihre Texte gleich selbst zu schreiben – da sie sonst die Arbeit zweimal machen müssen.

In diesem Zusammenhang sei auch die notwendige Bereitschaft des/der Lehrenden, diese Arbeiten zu korrigieren, genannt, und nicht nur die Schularbeiten.

Die SchülerInnen müssen über die Korrekturen Feedback zu ihrem Wissensstand erhalten.

Sowohl in Sprachen wie auch in den naturwissenschaftlichen Fächern sind solche Rückkoppelungen unumgänglich.

Der Einsatz von Fehlertexten, fehlerhaften Antworten auf gestellte Fragen etc. kann sehr gut auch aus korrigierten Hausübungen zusammengestellt und so der Klasse „auf den Leib geschnitten" werden.

Auch die Anleitung zur Bewältigung von Schularbeiten sollte der/die Lehrende in die Hand nehmen. Ein sehr guter und bewährter Weg dorthin ist – war für mich – das Erstellen einer Probeschularbeit in Gruppen von zwei oder drei, maximal vier SchülerInnen. Jede Gruppe erarbeitete gemeinsam eine Variante des gesamten Stoffes.

Ich habe dann die Zettel zerschnitten und aus den diversen Möglichkeiten die passenden zusammengeklebt und für alle kopiert.

Diese Arbeit wurde in der vorletzten Stunde vor der Schularbeit von jedem geschrieben, dann eingesammelt und gemeinsam mit mir in der letzten Stunde korrigiert.

So konnten die SchülerInnen sehen, was sie gut beherrschten und was weniger gut.

Nun zur Korrektur:

Man muss sich sehr genau überlegen, was man wie bewertet. Schülerleistungen sind abhängig in erster Linie natürlich von der Qualität der Vorbereitung durch Schüler und Lehrer, aber auch vom Willen des Einzelnen, Erfolg zu haben. Weiterhin spielt das soziale Umfeld eine Rolle, sowie die Fähigkeit des Schülers/der Schülerin, mit Leistungsdruck umzugehen. Da im Gymnasium – sowie auch in anderen Schultypen – mehrere Fächer über Schularbeiten und andere schriftliche Leistungsüberprüfungen benotet werden, muss der/die Beurteilende sich dessen bewusst sein. Ein gewisses „Augenmaß" ist dabei wohl notwendig, auch wenn es sich um Punktesysteme handelt, die viele Beurteilungsvarianten zulassen, da auch hier die Gewichtung der einzelnen Teile durch den/die Beurteilenden erfolgt.

Weiterhin muss die Beurteilung bei allen gleich sein – SchülerInnen sind da sehr „genau" – es empfiehlt sich, eigene Fehlleistungen zuzugeben und „nachzubessern", wenn nötig, bevor Probleme entstehen. SchülerInnen und ihre Eltern vergleichen immer, wie bei wem dieser oder jener Fehler angestrichen wurde.

Sollte eine Arbeit „nicht genügen", so ist es für den Schüler/ die Schülerin tröstlich zu wissen, wie man diese negative Beurteilung „neutralisieren" kann.

Vielfach werden diese Möglichkeiten schon am Beginn des Schuljahres Kindern und Eltern bei der Bekanntgabe des Beurteilungssystems durch den Lehrer/die Lehrerin mitgeteilt.

Besonders bei den Reifeprüfungen ist die Beurteilung immer ein Thema. Während meiner 39 Dienstjahre habe ich in sicher 35 davon Reifeprüfungen abgenommen.

Auch hier gilt nach wie vor das Prinzip der klaren Beurteilungskriterien. Das fünfstufige Notensystem in Österreich ist klar definiert. Allerdings wird heute mehr zu Gunsten des Kandidaten/der Kandidatin entschieden als vor 25 Jahren, wo man die Leistungen in einem viel engeren Rahmen beurteilte. Wenn ich meine Reifeprüfungsfragen von damals mit denen der letzten Jahre vergleiche, ergibt das große Unterschiede. Damals waren die inhaltlichen Kriterien wichtiger, heute achtet man auf andere Kompetenzen, wie zum Beispiel eigenständiges Denken der Kandidaten, geht er/sie „sprachliche Wagnisse" ein, geht die Leistung über ein normales Maß hinaus, etc. All das findet sich dann auch in der Beurteilung wieder.

Ein neuerer, durchaus vielversprechender Zugang zur Beurteilung ist, meiner Meinung nach, das Verfassen von Schülerportfolios. In diesen Sammlungen könnten Leistungen jedweder Art nicht nur gesammelt, sondern auch bei Verbesserung, zum Beispiel, ausgetauscht werden. Das könnten Schularbeiten, Hausübungen, Referate, Dialoge in der Fremdsprache, Buch-, Film- oder Theaterrezensionen sein, sowie Reisetagebücher – nach Auslandsaufenthalten –, Übungstexte und so weiter. Der Vorteil dabei ist, dass der/die Lernende ständig „nachbessern" kann, was die eigenen Leistungen betrifft, und das ohne Druck. Andererseits kann der/ die Unterrichtende den Wissensstand und dessen Verbesserung oder Verschlechterung aus dem Portfolio entnehmen und in die Beurteilung einfließen lassen.

Für mich stellt sich sogar die Frage, ob dabei eine Beurteilung mit Noten überhaupt noch notwendig ist, ob sich diese Wissensstände nicht besser verbal beurteilen ließen.

Wenn man als Sprachlehrer in eine heterogene Klasse einsteigt, wo das Niveau sehr unterschiedlich sein kann, empfiehlt es sich, mit den SchülerInnen gemeinsam eine Basis herauszuarbeiten, auf der sich alle wiederfinden. Darauf kann man dann aufbauen. Ich habe oftmals die ersten 4 bis 8 Wochen des neuen Schuljahres dazu verwendet, diese Basis zu finden und zu festigen. Das ist besonders in höheren Klassen wichtig, wo grundlegende Bausteine fehlen können, die dann ergänzt und eingeübt werden müssen.

Das ist zwar mühsam, bietet aber jedem/jeder Lernenden die Möglichkeit, wieder einzusteigen und mit den anderen gemeinsam weiterarbeiten zu können.

In diesem Zusammenhang möchte ich den Kontakt zu den Fachkollegen besonders hervorheben. Man gibt und bekommt Anregungen und verfolgt so schulintern eine gemeinsame Linie. Diese Linie zu finden, ist nicht immer ganz einfach, da viele Kollegen sehr „individuell" sein können, aber der Aufwand lohnt sich. Es ergibt sich dabei auch eine gewisse Sicherheit für den Kollegen/die Kollegin, da man von den Lernenden nicht gegeneinander ausgespielt werden kann.

Wichtig erscheint mir hier auch der möglichst gute Kontakt zu den Eltern, da auch hier die Möglichkeit des Prinzips „Aussage (Lehrer) gegen Aussage (Schüler)" besteht. Die Wahrheit in der Wahrnehmung des Einen entspricht nicht immer der Wahrheit in der Wahrnehmung des Anderen. Solche „Unterschiede" können in den Sprechstunden der Lehrer im Beisein von Eltern und Schülern (man bittet sie für zehn Minuten vom Unterricht frei) geklärt werden.

In weiterer Zukunft könnte man die Klassenverbände auflösen und die SchülerInnen in kleineren Gruppen je nach Leistungsstand individueller fördern. Man sollte dabei möglichst viele der menschlichen Sinne, Lesen – Schreiben – Sprechen – Schmecken (über Kostproben, Kochen … vieles ist möglich) – Tasten (über die Kunst, Spiele …) ansprechen.

Über entsprechende Testformate könnten die Lernenden so in flexibleren Zeitrahmen zu den notwendigen Kenntnissen gebracht werden. Die Leistungsziele sollten dabei ganz klar und verständlich definiert sein. Diese müssten in vorgegebenen Zeitrahmen erreicht werden, das heißt, man muss sie entsprechend überprüfen.

Diese Überprüfungen könnten durchaus nach vier und nach acht Jahren Unterricht erfolgen, die jährlichen Erfolge der Lernenden könnten als verbale Beurteilungen oder mit Noten innerhalb des „alten" Notensystems dokumentiert werden.

Blickt man nun heute in diesem Zusammenhang auf die Zentralmatura und ihre Bewertung, muss man zugeben, dass die Erfordernisse und ihre Beurteilung hier sicher vergleichbarer sind und nicht mehr je nach Schule variieren. Andererseits ist aber der individuelle Zugang des/der Unterrichtenden zu den Kandidaten eingeschränkt, Schülerinteressen können nicht mehr einbezogen werden.

Ein weiterer Aspekt ist das Niveau der Aufgabenstellungen, das bei deren Erarbeitung von den jeweiligen, erfahrenen Fachexperten im Auge behalten werden muss, sodass die geforderte Leistung weder zu hoch noch zu niedrig angesetzt wird.

Aus eigener Beobachtung bei bundesweiten Konferenzen zur Neuen Reifeprüfung in Fremdsprachen kann ich sagen, dass weder Hochschulniveau – wie von „Experten" gefordert, die von ihren Studenten ausgehen – noch die „unterste Ebene" Erfolg versprechen.

Natürlich sollten bei der Erstellung von Unterrichtszielen im jeweiligen Fach die Anforderungen der Universitäten mit einbezogen werden, allein schon deshalb, um den zukünftigen Studenten den Einstieg nicht noch schwerer zu machen.

Aber wir reden hier von jungen Leuten, die über ihre beruflichen Ziele noch nicht genau Bescheid wissen. Also sind auch deren Voraussetzungen im Moment nicht Thema.

Die Lehrenden, aber, können hier anknüpfen und Ziele erläutern, die auf weitere Sicht zu Basiswissen und dessen Zweckmäßigkeit führen.

Es sind also Leute gefragt –, und bitte keine selbst ernannten Experten, die die Schule nur aus ihrer eigenen Schulzeit von innen kennen – die sowohl die für Schüler möglichen Ziele als auch die Anforderungen der weiteren Bildungseinrichtungen kennen. In der Kombination dieser beiden Pole sollte eine machbare und vergleichbare Leistung der KandidatInnen bei zentraler Aufgabenstellung möglich sein.

### Ein Wort zu den Lehrerpersönlichkeiten:

Die Jugendlichen an unseren Schulen haben überall die Chance, sich auf verschiedenste Lehrerpersönlichkeiten einzustellen. Das ist nicht immer einfach, hilft aber sehr für die Zukunft. Niemand kann im Berufsleben oder in der Weiterbildung davon ausgehen, dass ihm/ihr jeder dort sympathisch ist. Schüler und Lehrer lernen daraus, dass jeder Mensch Vorzüge und weniger angenehme Eigenschaften hat. Die Vielfalt dieser Lehrer- und Schülerpersönlichkeiten kann aber für beide Gruppen eine große Bereicherung darstellen, wenn beide damit „gedeihlich" umgehen, soll heißen, dass beide Gruppen Respekt und Verständnis aufbringen müssen sowie Verlässlichkeit und Verantwortungsbewusstsein. All diese Fähigkeiten kann man sowohl weitergeben als auch erlernen – in jedem Alter – jetzt und in Zukunft.

Klare Richtlinien der Lehrenden werden zu entsprechenden Ergebnissen der Lernenden führen und ein angenehmes Arbeiten für beide „Teile" möglich machen.

### Ganztagsklassen:

Diese Form des verschränkten Unterrichts bis ca. 16.45 h ist ein Angebot an Eltern, die beide ganztags arbeiten und sich nicht schon ab Mittag um ihre Kinder kümmern können.

Die Betreuung durch die Schule enthält die üblichen Unterrichtsstunden, ein Mittagessen und die Erledigung der Hausübungen. Einzig das Lernen von Vokabeln oder anderen Inhalten wird zu Hause noch einer Wiederholung bedürfen, ansonsten sind die für die Schule notwendigen Arbeiten – unter Aufsicht von FachlehrerInnen – erledigt.

Ich glaube, dass diese Form des Unterrichts in der heutigen Gesellschaft sehr hilfreich sein kann, Unterricht „angenehmer" zu gestalten. Die SchülerInnen haben die Möglichkeit, bei Fachleuten nachzufragen, die Eltern müssen nicht abends, todmüde, Hausaufgaben überprüfen.

Für Bewegung sollte gesorgt sein, da niemand, der ständig sitzt, Aufmerksamkeit für neue Dinge aufbringen kann. Besonders bei jüngeren SchülerInnen sind mehrere Bewegungseinheiten pro Tag, meiner Meinung nach, notwendig und deshalb einzuplanen.

Natürlich sollte diese Schulform optional bleiben, da es ja immer noch Eltern gibt, die mit ihren Kindern selbst arbeiten wollen und auch die Zeit und Energie dafür aufbringen.

**Berufsorientierung:**

Ein sehr wichtiger Punkt aus meiner Sicht ist der Kontakt unserer Jugendlichen zur nächsten Bildungsebene, der noch viel besser ausgebaut werden müsste. „Was mache ich nach der Reifeprüfung?" ist eine essentielle Frage für die meisten 18-Jährigen, die nur wenige in Wahrheit beantworten können.

Kooperationen mit Universitäten, Fachhochschulen und anderen weiterführenden Bildungseinrichtungen können den jungen Leuten dabei helfen, durch praxisnahe Einblicke, Informationen etc., diese Entscheidung zu treffen.

Die SchülerInnen haben die Möglichkeit, zu „schnuppern" oder diese Bildungseinrichtungen kommen in die Schulen. Die Anforderungen nach der Reifeprüfung werden erklärt, nötige Informationen gegeben, Fragen nach den diversen Ausbildungsschritten beantwortet. So können die jungen Leute ihren weiteren Lebensweg besser planen.

Schülerverhalten:

Je älter man als LehrerIn wird, desto weniger entsprechen Kinder und Jugendliche dem eigenen Vorbild. Kinder ändern ihr Verhalten, so wie sich auch die Gesellschaft verändert. Also ist von „Lehrerseite" Toleranz gegenüber „anderem Verhalten" gefragt, aber durchaus auch das Setzen von Grenzen und klaren Vorgaben.

Kinder und Jugendliche versuchen immer – und das sollen sie auch – diese Grenzen zu überschreiten; aber sie müssen auch akzeptieren, dass sie diese Grenzen respektieren müssen, da es sonst Konsequenzen gibt. Wenn diese „Folgen" mit klaren Worten geschildert werden und mögliche Alternativen aufgezeigt sind, kommt man schon recht weit. Oft finden sich auch in der Kollegenschaft, in der Direktion oder beim Gesetzgeber weitere „Denkanstöße".

Jugendliche sind auf der Suche nach sich selbst und deshalb sehr oft unausgeglichen, traurig, aufmüpfig, unverschämt, nervtötend ... Wir Erwachsenen haben schon gelernt – meistens jedenfalls – mit uns selbst zurechtzukommen. Ergo müssen wir Verständnis aufbringen, trösten, zurechtweisen, aufmuntern, unterstützen ... klarmachen, dass wir verstehen, dass es aber für jeden nicht nur Rechte gibt, sondern auch Pflichten. Klar muss sein, dass ohne Bildung keine Ausbildung möglich ist und es somit auch keine guten Berufschancen gibt.

Wenn Schülerinnen verstehen, was für Vorteile Lernen für sie selbst bedeuten kann, wenn sie nicht überfordert werden, wenn kleine Schritte zum Erfolg führen, wenn Leistung honoriert und gefördert wird, wenn man durch immer neue Wege das Interesse der SchülerInnen weckt, wenn man die jungen Leute etwas selbst erarbeiten lässt und ihnen dabei hilft, wenn man als Lehrende/r positiv gestimmt in die Klasse geht (ein Tipp aus dem Mentalen Training), wenn man berät und nicht eigene Vorstellungen mit Gewalt durchsetzen will, wenn man mit einem Lächeln in den Unterricht geht, wenn man Schwierigkeiten nicht allzu persönlich nimmt, wenn man sich von den Lernenden inspirieren lässt, wenn man seine eigenen Probleme zu Hause lässt, wenn man Freude am Weitergeben von Kenntnissen hat, wenn man den Lehrstoff an die jeweilige Gruppe anpasst und auch Mut zur Lücke hat, wenn das Fundament des Wissens solide ist, wenn man – bei Fremdsprachen ist das gut möglich – mit den SchülerInnen im In- und Ausland, in Kunst und Kultur eintaucht, wenn man sein Fach auch mit anderen Fächern vernetzen kann ... dann wird Schule nicht zur Last, sondern zum Erlebnis für Schüler und Lehrer.

### Der/Die „ideale" Lehrende:

Aus meiner „langjährigen" Sicht auf dieses Thema, inklusive meiner eigenen Persönlichkeitsentwicklung, wird wohl eine Kombination aus Alt-Bewährtem und Neuem den meisten Erfolg versprechen. Traditionelles Festhalten an vorher mit den Lernenden fixierten Zielen, Erarbeiten von dafür notwendigen Strategien, Einfühlungsvermögen, Geduld und Verständnis, was Grundlagen betrifft, Unterstützung bei eigenständigen Arbeiten der Lernenden, positive Verstärkung und Förderung ihres Leistungswillens, gerechte Beurteilung und Toleranz bei Fehlverhalten sind einige wichtige Punkte. Natürlich verlangen all diese Ansprüche sehr viel Substanz von den Lehrenden. Es ist sicher nicht möglich, alles oben Genannte sofort in die Tat umzusetzen. Aber auch für Lehrende gilt die Taktik der kleinen Schritte, wenn man das Ziel nicht aus den Augen verliert. Die Erfahrungen der schon „absolvierten" Schuljahre helfen, sich dem Ziel immer mehr zu nähern.

Was aber tun bei Aggression, Frustration etc., ausgelöst durch SchülerInnen, KollegInnen, die „Obrigkeit" ...? „Ärger macht alles nur noch ärger", stellt Prof. Kurt Tepperwein in seinem Buch „Erfinde dich neu" fest.

Ärger, Aggression und Frustration wirken als negative Energien in uns selbst. Somit macht es Sinn, seine eigenen Zugänge zu Problemen zu überprüfen.

Bewährt haben sich folgende Verhaltensweisen:
- sich das Problem bewusst machen und definieren
- kann man den eigenen Zugang zum Problem verändern
- was sind die Konsequenzen aus dem neuen Zugang
- wo liegen die eigenen Grenzen dabei

**Beispiel 1:** Ein Schüler, eine Schülerin ist frech und anmaßend; ich reagiere darauf mit Zorn; aus dem Wortgefecht gehe ich zwar als „Sieger" hervor, aber die Schüleraussagen ärgern mich weiter.

Eine Lösung des Problems wäre, mit jemandem, dem man vertraut, darüber zu sprechen; dabei hinterfragt man sich selbst und seine Reaktionen und kann versuchen, die Situation in Gedanken anders = positiver durchzuspielen. Diesen Zugang versucht man dann für das „nächste" Mal im Gedächtnis zu behalten.

Fakt ist, dass das eigene Verhalten dem/den Anderen gegenüber *immer* Reaktionen – bemerkbar/nicht bemerkbar, bewusst/unbewusst – hervorruft.

**Beispiel 2:** Die Aufgabenstellung für einen Reifeprüfungstermin wird von der Behörde kritisiert; wie reagiere ich als betroffene/r LehrerIn?

Ich frage als Erstes: Was wird kritisiert? Die Formulierung, der Inhalt, der Umfang ...?

Dann wende ich mich an eine/n FachkollegIn, an den/die LandesfachkoordinatorIn und lerne deren Ansicht kennen beziehungsweise bekomme deren Rat.

Eine weitere, sehr gute Möglichkeit ist auch, die Aufgabenstellung mit den Augen einer/s „mittelmäßig" begabten Schülerin/Schülers wahrzunehmen, wobei auch der Prüfungssituation Rechnung zu tragen ist. Ist der Kandidatin, dem Kandidaten klar, was der/die Prüfende von ihm will?

**Beispiel 3:** Ein Schüler einer Gruppe, die sich zu einer Sprachwoche im Ausland aufhält, widersetzt sich den vorher fixierten Aufgaben und will nicht mitmachen. Was tue ich als betroffene Kursleiterin?

Der Schüler „erläutert seinen Standpunkt": „Ich will nicht mitmachen." (Im konkreten Fall ging es um die Teilnahme in einer „italienisch-österreichischen" Turnstunde mit Spielen. Der Schüler wollte sein Turndress nicht anziehen und mitmachen.) Die anderen Schüler und ich geben als Erklärung gemeinsam an, dass ohne ihn, diesen Schüler, die Mannschaft nicht voll funktionsfähig sei, dass das Spiel damit entfallen müsse, dass das doch schade wäre ...
Der Schüler ließ sich überzeugen, und machte mit.

Alle drei Beispiele sollen zeigen, dass Probleme nicht immer allein vom Einzelnen gelöst werden können.

Auch innerhalb der Kollegenschaft entwickelt jede/r Lehrende sich so vom Einzelkämpfer zum Teammitglied; „schau nach innen und nach außen" ist ein guter Rat, der von der Rivalität zur Kooperation führt. Dabei ist das Klären von Konflikten und das Streben nach Konsens involviert, genauso wie das Entdecken von Synergien, das Übernehmen von Verantwortung, wie der Wille zur und die Freude an der Wissensvermittlung.

Ziel von Bildung muss sein, die Jugend ihrem Alter entsprechend für das Leben fit zu machen. Wir als Lehrende müssen also einerseits die Jüngeren verstehen, sie aber andererseits mitnehmen in neue, spannende Richtungen. Dabei sind unsere eigenen Erfahrungen (auch aus der eigenen Schulzeit) genauso interessant für die jungen Leute wie ihre Erfahrungen, ihre Ziele und der Weg dorthin. Die Motivation, etwas Neues kennenzulernen, kann aus jedem Impuls heraus erfolgen, aus Schüler- wie aus Lehrerinteressen, aus der Wirtschaft, aus der Kultur, aus dem Sport etc. SchülerInnen und LehrerInnen können aktuelle Anlässe für den Wissenserwerb benützen, genauso wie historische. Hauptpunkt bleibt dabei das Interesse beider Gruppen beziehungsweise die sich aus dem Wissenserwerb ergebenden Vorteile. Beide, Lehrende und SchülerInnen, wollen zum Thema mehr wissen, Hintergründe genauso wie aktuelle Entwicklungen.

In meine Studienjahre fiel, zum Beispiel, die Ermordung der beiden Antimafia-Anwälte Falcone und Borsellino in Sizilien.

Ich konnte auf der Universität eine Veranstaltung besuchen, in der sizilianische Journalisten zu dieser Tragödie Stellung nahmen, aber auch die Hintergründe der Tat beleuchteten. Ich bekam einen Einstieg in dieses Thema und begann mich selbst dafür zu interessieren und Informationen zu sammeln.

Dieses Wissen konnte ich später, in den Mafia-interessierten Klassen, immer wieder einbringen. Die Enthüllungen von Roberto Saviano (den Film „Gomorra" besuchten meine Fachkolleginnen und ich mit den SchülerInnen, genauso wie wir Texte aus dem Buch im Unterricht verwendeten) waren Themenschwerpunkt, sowie der Film „Novecento" (das bedeutet „1900"), in dem es um die Entwicklung der Mafia in Amerika geht. Die historischen Bezüge zum Zweiten Weltkrieg wurden, wenn es in den Lehrstoff passte, von den Geschichte-LehrerInnen hergestellt, die GeographInnen steuerten die Wirtschaftsinformationen bei, die SchülerInnen verfassten Referate über die internationalen Mafia-Organisationen, die Stellung der Frauen in der Mafia, das historische Reglement innerhalb der Mafia, die Aufnahmebedingungen in die Mafia und vieles mehr. Man sieht also, wie komplex ein Thema behandelt werden kann, wenn das Interesse dafür bei SchülerInnen und LehrerInnen vorhanden ist. Die Vorteile dieses „ausgebauten" Wissens liegen für beide auf der Hand.

Denn klar muss sein, dass in einer Welt wie der heutigen eine breite, „allgemeine" Wissensgrundlage und die Bereitschaft, Leistung zu erbringen, unabdingbar sind für ein erfülltes, befriedigendes Berufsleben.

Mit diesem Wissen müssen aber auch die Unterrichtenden in die Klassen gehen, wobei schon die Art und Weise, wie jemand den Raum betritt, Erfolg oder Misserfolg des/der Unterrichtenden bewirken kann.

Ich meine damit, dass Freundlichkeit und Korrektheit im ersten „Auftritt" positive Signale in die Klasse senden, während Arroganz und Kälte wohl das Gegenteil bewirken. SchülerInnen haben dafür sehr gute „Antennen" und stellen dann die Frage, „ob der/die Lehrende denn überhaupt Kinder mag".

Dieses „Mögen" der Kinder und jungen Leute ist aber wohl die wichtigste Voraussetzung zur Ausübung dieses Berufes.

Ich hoffe sehr, dass diese Gedanken zur Zukunft nicht allzu lehrerhaft und „obergescheit" klingen, denn es sind Gedanken, die im Lauf der Berufsjahre im Gehirn und im Herzen entstehen und dann dort bleiben. Sie finden den Weg „an die Oberfläche" in Diskussionen oder aus Anlässen wie diesem, dem Verfassen dieses biografischen Textes. Sie sollen unterstützen, Mut machen, diesen wundervollen Beruf trotz aller Schwierigkeiten mit Freude und Befriedigung auszuüben.

*siehe: Elmar Osswald, „Stilwandel: Weg zur Schule der Zukunft", Verlag Brunner AG*

# Bewerten Sie dieses Buch auf unserer Homepage!

www.novumverlag.com

## Die Autorin

OStR Prof. Mag. Doris Muhr, geboren 1949, studierte an der Universität Graz Englisch und Italienisch auf Lehramt und unterrichtete beide Sprachen von 1973 bis 2011 an österreichischen Gymnasien. In den vielen Jahren ihrer beruflichen Tätigkeit hat sie sehr viel ausprobiert und daher viele Erfahrungen gemacht.

# Der Verlag

*„ Wer aufhört
besser zu werden,
hat aufgehört
gut zu sein!*

Basierend auf diesem Motto ist es dem novum Verlag ein Anliegen neue Manuskripte aufzuspüren, zu veröffentlichen und deren Autoren langfristig zu fördern. Mittlerweile gilt der 1997 gegründete und mehrfach prämierte Verlag als Spezialist für Neuautoren in Deutschland, Österreich und der Schweiz.

**Für jedes neue Manuskript wird innerhalb weniger Wochen eine kostenfreie, unverbindliche Lektorats-Prüfung erstellt.**

Weitere Informationen zum Verlag und seinen Büchern finden Sie im Internet unter:

www.novumverlag.com